AF599529

Mon nouveau souffle sur les routes du Népal

Carole Jundt

Mon nouveau souffle sur les routes du Népal

LE LYS BLEU
ÉDITIONS

ISBN : 979-10-422-1581-1

À cet être intérieur enfin dévoilé...

Préface

Aller au bout de mes rêves, vivre sans regret, entendre l'appel… quelle légitimité pourrais-je avoir auprès de toutes ces femmes si je ne le faisais pas ?

Il y a parfois des mots, des situations qui me rappellent combien tout est possible. Ces choses que j'entends soudain de manière plus claire, plus limpide, et qui abattent aussitôt les derniers murs qui me freinent.

Des « coïncidences » que j'aime appeler « des synchronicités ».

Mon invitation au voyage a sonné… Il sera initiatique, profond, transformateur, libérateur. Je suis prête. Je pars au Népal.

Le besoin de me connaître encore davantage, de quitter ma zone de confort pour me découvrir profondément, dans ce pays où tout est différent. L'envie de rencontrer cette part de moi encore ensommeillée.

Je songe à un éveil plus… spirituel, de nouvelles émotions qui me pousseront à retourner dans le puits de mes entrailles : une énième introspection. Mais celle-ci, je la pressens puissante.

Le départ est prévu pour le 29 septembre prochain…

Mon cœur s'emballe en pensant aux temples sacrés de Katmandou ou au cœur des Annapurna.

Mon cœur s'apaise en m'imaginant flâner dans les rues de Lumbini qui a vu naître Bouddha.

Il s'accélère dans la jungle de Chitwan, à la découverte de l'instinct sauvage.

Je commence déjà à ressentir cette nouvelle énergie, une vibration puissante jaillit de ma poitrine. J'ai la foi, ma confiance en la vie est infinie. Je sais que ce voyage est un moment important pour cette incarnation.

J-56 avant le départ, le temps du lâcher-prise débute. Mon cœur s'emballe, j'écoute le silence dans la méditation. J'évacue mes peurs dans l'écriture, je libère mon excitation par la parole…

Chapitre 1

Cheminer vers soi

Jeudi 29 septembre 2022

Mon voyage commence dans cet espace que j'aime appeler : « l'ici et maintenant », au moment où j'embrasse mes enfants et mon homme, le corps et le cœur remplis d'émotions, l'esprit lunaire… Je suis prête pour ce merveilleux départ vers l'inconnu, en route vers les profondeurs de mon être. Quel cadeau de pouvoir faire vivre cette liberté qui bouillonne dans mon ventre !

Cette séparation avec ma famille est sans doute la première marche de mon aventure personnelle et humaine. Au fond, comment pourrait-il en être autrement ? C'est dans l'ombre que nous découvrons notre lumière intérieure (Boris Cyrulnik nomme l'un de ces ouvrages sur la résilience « La nuit, j'écrirai des soleils »). Je trouve une justesse incroyable dans ce titre. Notre souffle de vie (créatif) naît du néant, du chaos. Ce n'est que dans le trouble de nos profondeurs que l'on peut puiser notre vérité, notre richesse, et la transformer pour donner le meilleur de nous-même. Notre Être est au service de la vie.

Je me prépare donc à appréhender ce moment de création, de transformation afin de me renommer. J'ai la foi et l'immense gratitude pour ce qui va suivre et va naître de cette expérience de vie.

Je commence mon voyage à 7 h 30.

En faisant du covoiturage, je croise Samir, jeune homme très sympathique qui est la première belle rencontre de mon voyage. En plein cœur de Montpellier, nos premiers échanges sont inspirants : valeurs, religion, voyage, aspirations personnelles, rêves, traditions, spiritualité… Ses témoignages me projettent dans une sphère étrangère, comme-ci je percevais déjà une première distance avec ma zone de confort. Symboliquement, je m'éloigne de mon décor quotidien. Samir chemine, expérimente, réfléchit, doute… Bref, il vit pleinement. Je prends conscience combien ces rencontres sont des pierres précieuses sur mon chemin de vie, et je ressens beaucoup d'amour pour ce qui est… pour ce qui s'impose à moi, comme une évidence.

Après une première nuit à l'hôtel, aux abords de l'aéroport Charles de Gaulle, je me réveille gonflée à bloc. La journée sera longue, intense. Je le sais. Bientôt, je poserai mes pieds sur le sol népalais.

10 h : porte d'embarquement. Mon esprit est léger et apaisé. Je suis étonnée de cela. Je savoure ce moment qui me rappelle une sensation de l'enfance : lorsque je découvrais les cadeaux au pied du sapin à Noël.

Je regarde ce présent avec envie, avec plaisir, avec désir, comme si le corps devait peu à peu prendre la température de cette émotion intense qui va le traverser.

À la fois spectatrice et actrice de ce merveilleux tableau, j'éprouve une sensation de vide dans tout mon corps. Un vide agréable, qui laisse place à tous les possibles, qui est prêt à accueillir. Je sais maintenant que cette sensation nourrit ma valeur « Liberté ».

Dans cet aéroport, à cet instant précis, je sais que je suis à ma place. Cela me procure une immense gratitude. La confiance en la vie ne me quitte plus…

Immersion en terre inconnue

Samedi 1er octobre

À 10 000 mètres d'altitude, je suis submergée par la beauté du ciel cette nuit-là. La lune est éblouissante et sa lueur révèle magnifiquement la ville de Dubaï. Quel émerveillement lorsque la terre devient le reflet étoilé de notre galaxie ! L'énergie céleste et terrestre se mélangent, donnant l'impression que je plane à l'intérieur d'un bain d'étoiles.

Durant mon transit à l'aéroport de Dubaï, je fais la connaissance de Georges, guide de hautes montagnes à Chamonix. Il est accompagné de 4 amis, pour lesquels il a organisé un trek au Manaslu. Il me parle avec passion de ses ascensions. Là-haut, il est chez lui. Depuis plusieurs années, il organise des treks sur les plus beaux sommets du monde. Il semble reconnu dans le métier. Malgré son âge, George savoure la vie, et avec elle, cette « nature » parfois hostile. Le regard vif et assuré, il me confirme qu'en cas de problème durant mon séjour, il restera joignable et disposé à m'aider. Je prends note, même si mon esprit assuré n'imagine pas ce genre de scénario. Grâce à lui, je gagne du temps et de l'aisance pour circuler dans les couloirs de l'aéroport de Dubaï.

Survoler le Népal est une bénédiction. La magie opère. Au-dessus de cette mer blanche, cotonneuse, je distingue les pointes des plus hauts sommets de la chaîne himalayenne. C'est merveilleux, les mots me manquent face à cette beauté. La blancheur de ces pointes majestueuses, illuminée par le soleil levant, se mêle au bleu du ciel. On dirait des icebergs.

« Annapurna », dit Georges, en montrant du doigt le second pic que je distingue. Une véritable contemplation commence !

Ces instants uniques de magie précèdent une arrivée frénétique. Le rythme s'accélère : passage au service de l'immigration, empreintes digitales, justificatifs en tout genre, visa… et surtout s'assurer de récupérer mes bagages. Mon anglais me fait défaut, et ne facilite pas les passages dans ses différents sas, mais je sais que rien n'est impossible. Je garde mon optimisme sans faille !

Quelques minutes plus tard, je salue Georges et prends conscience que le voyage va véritablement débuter maintenant. Je souris à pleines dents. La liberté vibre en moi jusque dans la moindre cellule de mon corps. Je me dirige vers la lumière extérieure.

Dès ma sortie, je suis plongée dans une lumière solaire intense. Tout est plus puissant : le bruit, la foule, la température, les odeurs. Je vois mon nom sur un petit écriteau. Je comprends que Bhim m'attend. J'arrive jusqu'à lui, et je suis accueillie par un magnifique collier de fleurs orangées fait de soucis (nom français de la fleur).

C'est installé sur le siège arrière d'un taxi népalais qui m'amène jusqu'à l'hôtel UTSE à Thamel que je découvre la conduite sportive et folle des Népalais. Mon cœur est serein, tous mes sens sont en éveil ! Les rues défilent soucies yeux d'enfant.

Quelques heures plus tard : « introduction immersive dans les rues de Katmandou ». Partie seule pour une première visite de quartier, je me sens projetée dans un univers fondamentalement différent du mien. Ne pas comparer est sans doute la meilleure façon de découvrir un pays comme celui-ci. Je me sens profondément étrangère, emportée par un flot d'énergies sensitives et de marée humaine : les rues sont bondées, la foule se mélange aux motos, aux scooters, le bruit, les odeurs de viandes, d'épices, d'encens, les chiens, les pigeons, les couleurs, la pollution, la poussière, les détritus omniprésents. Les nombreux temples et stupas… Mon esprit est bousculé, des tonnes d'informations me viennent, je vibre !

Dès lors que je retourne dans ma chambre d'hôtel, je me sens vidée, épuisée, mais tellement sereine à l'égard de ce que je m'apprête à vivre.

La soirée est plus calme. Je reste manger dans cet hôtel où je me sens comme dans un petit cocon. Je médite, j'écris ces quelques lignes. J'ai appris qu'aujourd'hui et pour les 15 jours qui vont suivre, le Népal est en fête : durant ce festival, on célèbre la déesse Durga, associée à la terre mère, à la victoire du bien sur le mal. Des offrandes, des prières sont faites chaque jour pour mettre à l'honneur le vivant (les récoltes, les gens, les vieillards, les animaux, les voitures). Dans les rues, on fête et on espère l'abondance, la fortune.

J'éprouve l'abondance et la fortune qui est en moi. Ma plus grande richesse se trouve dans ma capacité à m'ouvrir au monde.

Gratitude pour cette magnifique immersion !

Découvertes dans les rues de Katmandou

Dimanche 2 octobre

Cette première nuit à Katmandou fut à l'image de la journée, tout en bruit et en mouvements. Des voix, de la musique, les « I love you » d'une très jeune prostituée occupant le trottoir qui se trouve sous ma fenêtre, et vers 5 h 30 du matin, les premiers klaxons qui résonnent. C'est étrange, mais je pense avoir été réellement réveillée par les odeurs décrites la veille. Demain, c'est décidé, je fermerai ma fenêtre…

Au programme de la journée : le célèbre site de Swayambuhunath et son Stupa ! Je sens dans mon corps et dans ma tête comme une vive excitation, à l'idée de découvrir enfin toutes ces images vues et revues dans les livres…

16 h : Je viens de rentrer après plusieurs heures de marche à arpenter la ville de Katmandou avec mon guide : Mohan. Comme la plupart des Népalais, Mohan est tout petit, et son sourire ne cesse de s'afficher sur son visage. Son français est très basique et son accent assez fort. Néanmoins, il semble que cela suffise pour nous comprendre dans l'ensemble. Dans tous les cas, Mohan connaît Katmandou comme sa poche, et je dois avouer que marcher dans cette ville sans semer des cailloux comme le petit poucet pour retrouver le chemin de l'hôtel, a été un luxe pour moi…

Tout commence à Durbar Square et son palais royal (devenu musée depuis 10 ans), entouré de ces nombreux temples. À l'image des maisons Newar, ces temples hindouistes nous montrent l'art népalais de la sculpture sur bois. Les Dieux y sont minutieusement ciselés, taillés, modelés. La couleur rouge prédomine et symbolise l'amour divin, la force et la joie. Ce n'est pas pour rien que les Népalais s'en badigeonnent sur le front, et particulièrement depuis le début des festivités…

Dans l'un de ces monuments vit une petite fille âgée de 5 ans. C'est une déesse vivante : la Kumari. L'histoire raconte que cette enfant est une réincarnation de la déesse Durga, et que durant cette fête d'Indra Jatra, cette déesse confère au roi toute son autorité. C'est en quelque sorte une enfant Dieu, choisie par le roi.

Lorsque je « creuse » un peu cette histoire de Kumari, je découvre une réalité bien plus nébuleuse. J'ai lu que cette enfant était choisie par le roi (au moins depuis le 17e siècle, mais je pense, selon les ouvrages, depuis bien plus longtemps) afin de montrer au peuple sa bonne foi. Accusé de multiplier les conquêtes féminines et notamment de très jeunes filles, le roi a souhaité montrer au peuple qu'il n'était en réalité que bienveillant et protecteur à l'égard des enfants (et qu'il n'oserait jamais abuser d'un enfant). Et pour ce faire, il décida de mettre au rang de déesse vivante, une petite fille âgée de 4/5 ans maximum, jusqu'à l'apparition de ses premières règles. Cette enfant doit être vénérée, et semble vivre dans l'abondance, et doit respecter plusieurs règles (porter uniquement que des habits rouges, se contraindre à vivre reclus chez elle afin de ne pas poser le pied sur le sol impur). Cette petite fille est choisie pour son courage et sa force. Comment ? En lui faisant passer un test, celui de « passer toute une nuit dans une pièce sombre avec des masques qui font peur »… Si la petite fille pleure, alors elle n'est pas retenue au casting.

Une fois, les premières règles, la Kumari est mise dehors et doit se débrouiller pour survivre. Elle ne peut se marier et doit quitter son lieu de vie. Elle évolue dans la misère et la pauvreté jusqu'à la fin de ses jours. Depuis quelques années cependant, une rente lui est tout de même attribuée. Il existe une Kumari dans chaque grande ville de la vallée de Katmandou.

J'avoue que cela fait froid dans le dos, et que mon repère sur la place de l'enfant et la notion de danger sont un peu malmenés en découvrant cette tradition religieuse et politique.

En chemin vers Swayambhunath, mon esprit semble plus léger. On appelle cet endroit le temple des singes. Moins de bruit, de mouvement, et plus d'espace. Un lieu qui invite à la méditation dès les premières marches qui mènent au Stupa. Je sais qu'à cet instant je vis l'un de mes rêves. Je tente de ralentir le rythme et de savourer ce moment, même si Mohan a le pas rapide, et semble peu enclin à vivre le silence dans la contemplation.

Je prends tout de même mon temps et monte chaque marche une à une.

Tout en haut, une vue sublime, mais brumeuse de Katmandou (pollution oblige). Les images et les photos ne mentent pas. Au détour de chaque marche : des singes, des drapeaux colorés, le son des moulins à prières. Mohan est hindouiste. Il me dit combien les rituels sont importants pour lui et font partie intégrante de son quotidien : tourner au moins 3 fois dans le sens des aiguilles d'une montre autour du Stupa, et faire vibrer du bout des doigts chaque moulin à prières. J'expérimente tout comme lui ce rituel religieux. J'entends comme un son très grave sortir de sa gorge, il médite, et murmure d'innombrables mantras. Ces fréquences sonores s'impriment en moi et résonneront pour toujours. Je découvre une façon très traditionnelle de méditer, et j'adore ce moment.

Mohan m'explique qu'il existe cinq manifestations de Bouddha (Dhyani Bouddha). Les 4 premiers correspondent aux 4 points cardinaux et sont des portes d'entrée de l'éveil à la conscience divine en nous, et le bouddha central, notre centre, lui permet d'atteindre le nirvana. Il est symbolisé par la pointe du Stupa. Ces Bouddhas représentent à la fois les 5 points de la sagesse, les points cardinaux et son centre, les 5 énergies fondamentales (éther, air, feu, eau et terre). Je savais tout ça, mais c'est comme si je l'entendais pour la première fois à la différence, cette fois-ci, de me retrouver au cœur de l'expérience spirituelle.

Je garde les yeux grands ouverts sur le chemin de l'hôtel et découvre des scènes de vie urbaine du quotidien népalais. Je comprends que la rue est un lieu majeur où les gens se retrouvent, rient, dansent, circulent, mangent, mais également pleurent la mort de leurs proches (j'assiste à mon insu à la crémation de l'un d'entre eux et entrevois à nouveau des rituels très différents de notre pays.).

Une fois de retour dans ma chambre, le besoin de méditer se fait sentir. J'intègre. L'humain est fait d'une nécessité première de trouver la paix en lui. Certains s'imaginent qu'elle viendra à eux par plus de confort, de matériel, d'argent, de bonne santé… D'autres se tournent vers la spiritualité. Ce qui leur offre la possibilité d'entrevoir la voie de l'infini. Je prends aujourd'hui conscience de la puissance d'une telle démarche et de son impact à la fois pour et dans notre présente incarnation.

Le repas du soir était comme hier succulent. Un plat tibétain merveilleux, servi par des gens très attentionnés.

Un moment de ressource, de calme, de plénitude, comme je les aime.

Belle et douce nuit…

En route vers Patan…

Le 3 octobre

La nuit fut merveilleuse, à peine plus gênée par les odeurs… Sans doute parce que mon corps et mon esprit s'adaptent (et commencent à s'imprégner eux-mêmes de curry).

C'est un luxe de se retrouver seule à presque 10 000 km de chez moi. Je prends mon temps, j'avance à mon rythme. Je m'écoute, je lis beaucoup et dès que je peux je médite. J'emmagasine le calme avant la fureur des rues népalaises. Je me sens tellement bien dans cet hôtel, qui me semble déjà familier. Les gens semblent naturellement souriants, aimables, attentionnés. Est-ce cela la simplicité ?

Le traditionnel « Namaste » prend forme pour moi. Plus qu'un mot, il devient une philosophie de vie. Dans ce mot, raisonne/résonne de la douceur, de l'amour, et même une certaine fluidité.

Après le petit-déjeuner, la propriétaire des lieux m'indique qu'il existe une terrasse sur le toit. Me voyant souvent un livre à la main, elle me confirme que je peux y aller pour lire. En effet, cet endroit est magnifique. J'y viendrai ce soir.

Fin d'après-midi, je suis de retour de mon périple « sacré ». Tout d'abord, j'ai expérimenté mon premier bus local. C'est comique ! Pas vraiment d'arrêts, pas vraiment d'horaires, pas vraiment d'organisation, et… pas vraiment de règles de sécurité. Mohan m'a dit qu'ici on achète le permis, on ne le passe pas ! Bref, on apprend beaucoup de la vie népalaise lorsque l'on monte dans l'un de ces bus. Tout y est. Le bruit, la pollution, le monde, les échanges, les sourires, la légèreté, les odeurs, la poussière qui entre alors que les portes du bus restent ouvertes en permanence, le chahut, et puis encore à nouveau les odeurs…

J'observe l'hyperinvestissement du « co-chauffeur », qui gère absolument tout ; son rôle est central : appeler les gens à monter dans le bus (faire la pub et attirer le client comme un poissonnier sur la place du marché), descendre du bus en marche pour chercher le futur client, guider lorsque les routes sont quasi impraticables, encaisser l'argent, monter les bagages alors que le bus est toujours en marche, notifier au chauffeur qu'il doit s'arrêter ou repartir en cognant fort sur la carrosserie, placer les gens dans le bus, répondre au téléphone, parler et plaisanter avec le chauffeur,… multitâche ! Je ne pense pas que ce jeune homme, à peine majeur, a signé un contrat de travail, et que son patron lui a fourni une fiche de poste… Mais je souris face à cette scène absurde… Incroyable !

Dans ce bus, je découvre que les rues de Katmandou sont bien plus calmes le matin. C'est une chance pour moi, car je sais que naviguer au cœur de la foule me prend beaucoup d'énergie.

Patan est attenant à Katmandou. Je visite son quartier Dubar Square, ses temples magnifiques et majestueux. Soudain, Mohan et moi, nous nous retrouvons dans la cour centrale d'une maison Newar, où se trouve la Kumari, cette petite déesse.

Mohan me propose de la rencontrer si j'en ai envie, et si cela est possible. J'accepte, bien sûr, ma curiosité est grande. Étrange sensation sur le seuil de la porte : l'ambiance est un peu glauque, et je sens une énergie basse. Quelques minutes à peine et je découvre cette petite fille assise dans un magnifique fauteuil digne d'un trône, habillée et maquillée en rouge et or. Elle n'affiche aucun sourire. Bien au contraire. Elle paraît triste et éteinte. Néanmoins, je m'incline devant elle. Elle tend sa main, et de son index, marque mon front d'une empreinte digitale rouge appelé Tika (signe de pureté et bonheur). Malgré mes interrogations, je me sens privilégiée d'avoir fait cette brève rencontre, et d'avoir vécu cette expérience.

Mohan continue à avancer d'un pas vif dans les rues de Patan, et me signale que je suis vraiment endurante. La plupart du temps, je le suis, mon appareil photo à la main, un œil sur les monuments, l'autre reste fixé sur sa silhouette pour ne pas le perdre de vue. Je n'ai même pas son numéro de portable si l'on se perd. Mais cela m'est égal ! Je le vois prier les dieux avec pudeur et discrétion. Je l'entends chanter les mantras à chaque pas. Je souris.

Direction Kirtipur, ville reculée sur les hauteurs de Katmandou. Je découvre ici une pauvreté plus affichée. Les routes sont toutes dans un piteux état, les enfants « ne jouent de rien ». Quel avenir pour eux ici ? Je reste muette devant ces âmes humaines qui errent sur ces terres polluées. Est-ce cela la sagesse ? Quelle patience et quelle résignation ! Je me sens traversée par une émotion particulière face à ces images. Le mot enfermement me vient. Que ferai-je à leur place ? Qu'en est-il dans les villages de montagnes ? Il me tarde de le découvrir.

Et puis, il y a tous ces animaux dits « sacrés ». Ils m'apparaissent tellement malheureux et mal-en-point. Certains sont sacrifiés pour les dieux, et finissent en offrandes, parfois la tête coupée, d'autres rachitiques, errent dans la poussière, parmi la foule et les voitures. Qui les nourrit ? Qui les soigne ? Je vois que certains chiens et oiseaux mangent les graines déposées en offrandes sur le sol pour faire fuir les démons. Est-ce de bon augure pour eux ?

Je suis touchée par ce que je vois, et me sens tellement différente. C'est comme si mes yeux s'ouvraient encore davantage sur le monde qui m'entoure. Le Népal est un pays où règnent une ambiance bienveillante et une dévotion pour les dieux. J'ai l'impression d'une spiritualité « traditionnelle ». La place de ces hommes et femmes sur cette terre est imprégnée de cet amour pour Vishnu et Shiva, et de tous leurs avatars.

Je perçois à certains moments le sens critique face à ce courant spirituel. J'ai l'impression que les Népalais se « dépossèdent » eux-mêmes d'une foi intérieure. Comme si le mouvement de la conscience n'allait que dans un sens. Quelle est la place du corps et de l'incarnation dans tout cela ?

En Soirée : la vie est belle. Le plaisir gustatif du repas de ce soir montre combien j'ai avancé personnellement sur la notion de plaisir, et de mon plaisir par la nourriture. La cuisine tibétaine est un régal, les gens de cet hôtel des amours.

Aujourd'hui, je me suis sentie forte, libre, disponible à accueillir toutes ces choses nouvelles. J'aime cet endroit pour ce qu'il éclaire en moi. Infinie gratitude pour ce qui est, dans l'Ici et le Maintenant.

Belle nuit.

Un grand jour

Le 4 octobre

Ici, je me lève tôt sans aucun réveil… Comme le soleil lui-même, comme les gens. Mon esprit est léger et mon âme sereine, à moins que ça ne soit l'inverse… J'imagine que l'esprit et l'âme sont reliés. Je n'arrive pas totalement à distinguer la différence des perceptions dans mon corps. Il me semble néanmoins que mon mental est une résurgence de l'esprit qui ne pense qu'à trouver du sens dans notre incarnation.

Mais c'est faux, le mental s'en éloigne, puisqu'il prend racine dans ce terreau que l'on appelle l'ego. L'esprit serait alors la partie pure de notre incarnation. Celle qui n'a pas encore rencontré l'espace égotique de l'humanité. Selon moi, l'esprit pur serait une manifestation de l'âme, un prolongement de la conscience divine absolue (pléonasme)…

Bref, je me sens à ma place dans ce que je vis.

Dès le petit-déjeuner, je retrouve l'ambiance bienveillante des serveurs de l'hôtel. Ils sont adorables. Ils ne connaissent pas la portée de leur sourire et de leur attention sur mon état d'esprit. L'un d'eux s'amuse à me dire en français : « Bonjour, ça va, merci ». Je sais qu'en népalais, ces mots sont très présents et essentiels.

Au fil des jours, je vois bien que mon anglais me limite, et qu'il va falloir que j'œuvre pour apprendre davantage cette langue. J'imagine le nombre de conversations et de rencontres que je loupe !

Aujourd'hui, Bhim, le directeur de l'agence de voyages, vient me chercher. J'ai le privilège de visiter avec lui Baktapur, Changunarayan et Pashupatinath.

À mon retour, je suis comblée par ce que je vis. Merci, merci ! Ce que je vois de ce pays me percute : chaque chose, chaque personne, chaque scène de vie.

Je commence par la fin : Pashupatinath. « Lieu sacré et sacré lieu ». Des temples hindouistes plantés dans ce décor de fumée et de brume. Le rouge et l'orange trônent. Ici, les dieux sont omniprésents : Shiva, Ganesh, Vishnu… Je me trouve hors du temps. Dans ces rues, on y vit, on y meurt, toutes les dimensions subtiles se mélangent et se fondent entres elles. Le mouvement des silhouettes est presque silencieux, à la fois léger, lourd…

On est dans ce sas, dans l'ici et l'ailleurs, dans cet instant suspendu… sensation que je connais lorsque je médite. Il est étrange de vivre cette sensation les yeux grands ouverts devant le spectacle que nous offrent ces formes colorées en train de danser gracieusement.

Tandis que certains pleurent les morts, la vie est partout. Les Sadhous, ainsi que les couronnes de fleurs, sont comme des torches vivantes, ils apportent la lumière dans ce lieu si chargé. Je sais que la pluie n'est pas la seule responsable de cette atmosphère chargée. Mystique !

Alors que les fumées odorantes élèvent les âmes des morts dans la lumière céleste, les cendres sont jetées à l'eau dans cette rivière si polluée (Le Gange) où bouillonnent des tonnes de détritus en tout genre. Malgré ma description, je ne ressens aucune austérité dans ce que je vois. Je trouve cela poétique, et puissamment spirituel !

Avant ce moment, nous nous sommes rendus à Changunarayan (on prononce Changunaran). Enfin, c'est comme cela que mon oreille entend le nom de cette petite ville perchée au-dessus de Katmandou. Un avant-goût du trek ?

J'y ai visité un très beau temple, malheureusement sérieusement endommagé par le séisme de 2015. Ce temple est celui de Vishnu, qui veut dire celui qui nous accompagne durant la vie. Symbolisé par la roue de la vie, Vishnu me paraît un fort allié pour traverser les épreuves… Shiva, à l'inverse, est présent lors des moments de passage comme la naissance, la mort, et les différents passages de notre incarnation. Il est le tout et le rien, celui que les Népalais appellent le Dieu destructeur. Pourtant très aimé de tous, malgré la peur de s'y confronter, Shiva est vénéré chaque jour.

Ah oui, c'est ici que j'ai acheté deux tentures de Mandalas (roue de la vie), j'en offrirai une à Magali, je suis certaine qu'il fera sens pour elle.

Puis, nous avons débuté par Baktapur, ancienne capitale népalaise, restée « dans son jus ». J'ai beaucoup aimé circuler dans ses rues. Les temples et les maisons ont également subi beaucoup de dommages lors du tremblement de terre. La plupart sont maintenus par des piliers, et cela semble suffire à ce qu'ils tiennent debout. La place Dubar Square est merveilleuse : les temples magnifiques, tout autant que les Stupas.

Bhim est bouddhiste. Il ne se retrouve pas dans l'hindouisme. Pour lui, la lumière est intérieure, les dieux n'ont rien à voir avec notre éveil. L'illumination se vit par la sagesse, et non pas dans la dévotion à des symboles extérieurs. Il est cependant, et comme tous les Népalais, très tolérant sur la pensée hindouiste dans le quotidien des hommes.

Je le vois sourire devant une scène loufoque : toute une rangée de motos et scooters décorés d'offrandes, de fleurs, de riz, de poussière rouge et orangé. Pourquoi ? Pour se protéger des pannes, des accidents potentiels, les Népalais s'en remettent aux dieux. Je m'interroge... Peut-être faudrait-il commencer par passer son permis, non ?

Je serai heureuse de connaître et d'expérimenter ce que veulent dire les 13 étages qui mènent à l'illumination, au nirvana (chez les bouddhistes). Ces 13 étages sont symbolisés par la pointe des Stupas. Je m'imagine l'escalader et vivre cet éveil.

Merci de faire que toutes ces questions n'aient jamais de réponses fermes et définitives. Socrate disait « tout ce que je sais, c'est que je ne sais rien ». Et c'est dans ce rien que l'amour naît (ça, c'est moi qui le dis). Une ouverture et un accueil inconditionnel au monde dans lequel nous baignons chaque jour.

Belle nuit.

Trouver son centre

Le 5 octobre

Hier, durant le dîner, j'ai sympathisé avec l'un des deux serveurs de l'hôtel. Il m'a proposé de sortir boire un verre pour me faire découvrir l'ambiance nocturne népalaise. J'ai dit oui et… je me suis endormie ! C'est lorsqu'il m'a contacté après son service aux alentours de 22 h, que je me suis rendu compte que je m'endormais super tôt. Ce sera pour une prochaine fois…

Il a beaucoup plu durant la nuit, et je profite d'une matinée libre pour flâner encore un peu dans ma chambre. Demain, je quitte la ville pour les montagnes. Le début du trek s'annonce pluvieux ! Pourtant j'ai hâte.

Aujourd'hui, Bhim vient me chercher pour la visite du célèbre monastère où séjourne régulièrement Matthieu Ricard et celle du Stupa de Bodnath ou Boudhanath Stupa : le fief des bouddhistes.

Après une longue méditation matinale, je réalise la présence d'une sorte de mouvement intérieur circulaire, comme un tourbillon s'activant sous ma poitrine (à l'endroit du cœur). Cela provoque en moi de légères nausées qui ne durent pas. Un effet de vagues.

Depuis le début de mon voyage, je parcours avec attention le livre que m'a offert mon amie Lucie, avant mon départ : « Amours inconditionnelles » de Blanche de Richemont. Dans son œuvre, l'écrivaine nous fait le récit de rencontres « extra » ordinaires, durant lesquelles les personnes livrent leurs expériences et leur définition de l'Amour inconditionnel. Dans ma démarche personnelle et spirituelle, cette quête m'intéresse, tant le message qu'il délivre sous-entend une certaine sagesse à laquelle je ne suis pas encore initiée.

Si elle s'adressait à moi, je serais bien en peine de définir aujourd'hui précisément ce que cela signifie (à la fois pour mon esprit et dans mon corps). Cependant, je me prête à cet exercice. Je pourrai d'ores et déjà affirmer spontanément que l'amour inconditionnel prend sa source dans le soi le plus profond. C'est une histoire personnelle et intime. Ce soi profond, je pourrai le visualiser comme un puits, ou plutôt une faille qui laisse entrer la lumière et qui est à la fois le point originel de tous les possibles. À cet endroit, j'imagine que les vibrations sont intenses, les fréquences électromagnétiques sonores également.

Alors que je pose ces mots sur le papier, il me semble ressentir à l'instant même cette sensation à l'intérieur du corps, là sous ma poitrine. Une sensation pure et authentique, car dénouée d'explications rationnelles... Le filtre égotique ne l'a pas encore modifiée. Mais déjà en disant ces mots, je suis en train de transformer cette lumière.

Beaucoup de philosophes (je pense ici notamment à François Cheng, mais pas seulement) parlent de la notion d'âme divine, qu'ils dissocient d'ailleurs avec l'âme humaine. C'est comme-ci cette lumière, ou cette vibration était la source divine en nous (« Source » que les religions nomment tantôt conscience, force, foi, lumière, Dieu, vacuité et dans le bouddhisme, vérité, YHWH/YEVA dans le judaïsme et Zeus dans la mythologie grecque). Et j'en passe bien évidemment. Notre âme humaine en serait alors le prolongement.

C'est difficile de définir ce qu'est le divin puisqu'il est question d'une perception métaphysique. Et pourtant l'impalpable se niche dans notre corps. L'Amour inconditionnel (ou l'ouverture/l'accueil absolue) provient de cette source-là. Je le sais, il en est lui-même le prolongement. Notre corps sert de canal de transmission à cette lumière qui rayonne en chacun d'entre nous. À cet instant, je prends conscience plus que jamais que notre corps est fondamental pour faire vivre notre spiritualité. Il est bien au-delà de ce que suppose la matière, qui le maintient dans une sorte de véhicule fait d'os, de muscles et de chair ! Il se nourrit à la fois de cette énergie de vie, et il est, lui-même, cette énergie de vie. Notre corps est précieux, sacré, et s'il renferme les plus grosses blessures, nos mémoires de souffrance, il est également et surtout celui qui nous montre nos plus belles ressources, la clef qui nous guérit.

La conscience (divine) est donc reliée à l'amour inconditionnel. Je dirai même que c'est une seule et même lumière.

La méditation permet de plonger sans peur dans cette faille, dans le silence de nos profondeurs, afin de s'y installer en se sentant chez soi dans cet espace. C'est ici que naît le souffle de vie, le souffle créatif qui permet de grandir, de se transformer. Ça y est. Je comprends ! Loger dans cette faille, c'est accepter que Dieu est partout et coule en nous. Nous sommes des êtres sacrés.

Fin de soirée :

Beaucoup d'émotions en découvrant la ville de Bodnath. Sur la place centrale s'impose un énorme STUPA, entouré de statuettes, de cloches et d'une multitude de moulins à prières. La foule est faite en grand nombre de moines bouddhistes s'enroulant autour du STUPA, pour certains pendant des heures entières. Ce mouvement circulaire, je le reconnais, c'est celui de ce matin. C'est ce tourbillon vécu lors de ma méditation. Je reste sans voix. Ce lieu est unique, mystique. J'ai les larmes aux yeux en pensant faire partie de ce tout.

Je m'engouffre dans ce cyclone, et suis le mouvement. Les mantras se répètent et résonnent dans la bouche de tous les Népalais. J'entends cette fréquence sonore grave, roque, qui s'apparente au son « OM »/« AUM ». Ce son vibre à l'intérieur de mon corps. Des milliers de pigeons s'envolent et atterrissent sur la place, tandis que les moines continuent de prier avec leur collier Mala dans la main. Je touche du doigt l'étourdissement que j'associe à une sorte de transe.

Je tourne et fais tourner les moulins, mon geste est naturel et aucunement contrôlé. Je tourne autour d'un axe commun, et je reconnais la puissance symbolique de ce mouvement de rotation. Je pense inévitablement à la grâce des derviches tourneurs dans le soufisme. Se connecter aux éléments, trouver son axe, entrer dans son centre. Telle est notre mission à tous.

Le toit du Stupa symbolise cette faille, celle qui nous montre le chemin vers l'illumination. Si l'on regarde de plus près, nous percevons au-dessus des yeux de Bouddha, les célèbres de 13 étages ou marches qui mènent au nirvana, à l'éveil spirituel. Je pense n'être qu'en bas de l'escalier. Et je me trouve tellement chanceuse de comprendre l'enjeu de cet escalier spirituel.

Merci à Bhim, pour ce merveilleux voyage à Bodnath. Je continue de penser que je suis à ma place. Mon corps le sait aussi.

Bhim est bouddhiste. Un bouddhiste incarné de par son éducation et son instruction spirituelle. Cela lui permet d'avoir l'esprit critique et par conséquent son corps semble ne faire qu'un avec son esprit et son âme. Chaque jour, il médite, le yoga lui est enseigné par son « guru » depuis plus de deux ans.

Ce soir, il m'a invité à dîner auprès des siens. Une fois chez lui, il était fier de me partager ses écrits à ce sujet, et ses réflexions. Que ce soit en anglais, en français, népalais, sanskrit, je me rends compte que comme moi, il chemine vers la voie(x) de l'éveil, de la conscience. Heureuse, je souris. Je vois que chacun de nous tente ce rapprochement au plus près et au plus juste de l'axe central, au plus près de notre faille. Et chacun le fait, avec ce qu'il est, avec sa vérité, son expérience, ses questions, son histoire.

Je passe une soirée dans une famille que je ne connais pas, si différente culturellement de la mienne, avec laquelle il m'est difficile d'établir un échange oral afin de communiquer. Mais je me sens tellement proche de l'âme de chacun d'entre eux.

Une fois dans mon lit, je suis touchée par toutes ces rencontres, qu'ils s'agissent des lieux, des personnes, des animaux, et surtout cette rencontre avec moi-même.

Gratitudes.

Chapitre 2

Les bus népalais : une aventure

Le 6 octobre

Après 15 h de bus, nous arrivons enfin à Bensisahar. Il fait nuit, et nous venons de trouver un hôtel qui a bien voulu de nous. L'environnement est un peu spécial, et l'hygiène très sommaire. Début de l'aventure. Enfin, le début, c'était ce matin. Parce que prendre un bus au Népal s'avère être un sacré challenge ! Je baigne entièrement dans le bain népalais (et ce n'est pas peu dire).

Nous sommes partis ce matin avec Mohan à 6 h 30, sous une pluie battante. Après avoir pris un premier taxi qui nous a déposés, je ne sais trop où, il a fallu attendre… attendre… attendre. Au bout d'une petite heure, notre bus est arrivé. Déjà bondé, nous avons tout de même voulu monter. Embarrassée par mon sac de 15 kg dans le dos, je me suis faufilée puis introduite comme j'ai pu. Mohan nous voyant dans la galère m'a demandé de sortir. Je ne savais pas vraiment pourquoi, j'ai compris par la suite qu'il ne souhaitait pas que je voyage durant des heures aussi inconfortablement installées.

Puis nous avons à nouveau attendu, attendu… Un autre bus est arrivé. Il était vide, et Mohan paraissait vraiment très content cette fois-ci. Le chauffeur nous a confirmé que nous pouvions monter.

Après quelques minutes, il semble avoir changé d'avis sur la destination. Nous sommes redescendus, et avons attendu, attendu....

La pluie s'est intensifiée. Une pluie de mousson me dit Mohan : « dérèglement climatique ». J'étais trempée.

Un nouveau bus est arrivé. Cette fois-ci, le bon. Mon énorme sac sur les genoux, je m'apprêtais à faire le voyage le plus long de ma vie (je ne le savais pas encore). Bref, le bus s'est remplit : des gens, des sacs, des chiens, et encore des gens jusqu'à ce que le bus dégorge de monde. Très rapidement, des odeurs de curry, de viande avariée, de parfum, d'encens et de poussière me sont montées au nez, mélangées à l'humidité ambiante. De la condensation s'est formée sur les vitres crasseuses qui prenaient l'eau. J'ai senti que mon siège était complètement trempé à cause d'une fuite au niveau de la carrosserie.

Néanmoins, je gardais l'optimisme naïf de ces gens qui voyagent. Enfin, pour l'heure, j'étais la seule touriste occidentale dans ce bus.

Le bus a démarré. Et parce que cela ne suffit pas, nous avons enchaîné les premiers arrêts minute : les gens continuaient de monter, alpagués par le co-chauffeur (un jeune homme au look incroyable qui se charge de faire monter des gens dans le bus, de les faire payer, de monter les sacs sur le toit ou dans le coffre du bus, de répondre au portable, d'aider aux manœuvres du bus, de réparer le bus si besoin, de courir pour demander aux gens à 3 km s'ils veulent monter dans le bus… quel sport !).

Je souhaite m'arrêter un peu sur le sujet bus. SI j'avais un petit résumé à faire, pour en extraire l'essentiel.

Déf bus (nom masculin) véhicule de grande taille qui permet de transporter plusieurs personnes dans un milieu urbain. Je me rends vite compte qu'au Népal, nous pouvons lui attribuer d'autres caractéristiques majeures, et pas des moindres, lui faisant prendre une dimension bien plus inquiétante…

Alors que nous avions mis des heures à nous imbriquer les uns les autres (comme dans le jeu Tetris), le chauffeur s'arrêta soudainement et fit sa première pause pipi et petit-déjeuner. Les Népalais, l'air de rien, sont ressortis pour acheter leurs chips au curry. Une nouvelle odeur s'est alors ajoutée se mélangeant aux autres : celle de la chips. Les sachets et les bouteilles vides de coca et eau sont jetés soit par la fenêtre ou à même le sol dans le bus. À cet instant, je prends conscience que je vais voyager dans une poubelle durant des heures. Après seulement deux petites heures de route, premier bouchon. Il pleut tellement que les glissements de terrain sont nombreux ! Alors, il faut dégager la terre pour passer et j'imagine qu'il n'y a pas les techniciens des ponts et chaussées pour le faire.

Débute alors une longue et interminable attente… pendant des heures entières (4 en tout, je crois). Les gens continuaient de sortir pour manger leurs chips ! Tout cela, dans une ambiance conviviale décalée, la musique népalaise à fond ! Ici, les gens se parlent, rient, jouent… C'est incroyable tous ces échanges si spontanés. Je sais qu'en France, ce n'est pas ou plus comme ça.

De manière chaotique, nous reprenons la route en milieu d'après-midi. Nous n'avons pas fait la moitié du chemin, et les routes sont dans un piteux état. Alors que nous sommes à nouveau coincés dans un bouchon, une roche de la falaise que nous longeons se décroche et tombe sur le toit du bus. Quel flip ! Tous les Népalais semblent néanmoins rassurés et continuent leurs discussions.

Quelques instants plus tard, nous descendons à nouveau pour prendre, cette fois-ci, un véritable repas (le déjeuner). Il est 17 h. Je n'en peux plus, mes jambes sont pliées, je suis mouillée, la musique est assourdissante… et surtout, je sens mauvais c'est sûr ! Je me force à manger, l'endroit n'est pas au top. Tous ingèrent rapidement, le traditionnel Dahl bath, au curry… chouette ! Ici, on mange avec les doigts, je me dis que l'odeur sera encore plus prégnante en remontant dans le bus. Il pleut encore et toujours !

À 22 h, nous nous embourbons. Je perçois une route au bord de laquelle une rivière passe. Nous sommes là, sur cette route pleine d'eau. Le précipice sur notre gauche. Je commence à me dire que c'est particulièrement dangereux… Mais le co-chauffeur enlève ses chaussures, et tente avec des pierres de permettre au bus d'avancer. Et le bus avance. Je découvre toute cette désorganisation et j'hallucine.

Nous arrivons à Bensisahar, vivants et entiers, mais véritablement épuisés. Je comprends que nous ne marcherons pas aujourd'hui. L'hôtel semble dater, mais je suis tellement contente de sentir cette excitation en moi.

Je me sens forte, libre, et sereine. Je vais tenter de dormir un peu dans mon duvet (car le matelas est immonde). Demain, on marche, et je crains que ça ne soit sous la pluie…

Mes premiers pas dans les Annapurna

Le 7 octobre

Après plus de 9 heures de marche, et je n'exagère pas, je savoure cette soirée avec un goût tellement spécial. J'ai le corps endolori par mon sac. Chaque pas retentit dans mes genoux, le bas de mon dos et mes épaules semblent ratatinés… Le clou du spectacle, je me suis fait une ampoule comme jamais je n'ai eu. Je me dis que 9 heures la première journée c'est trop. J'en ai fait part à Mohan. Il a dit « OK », demain on marchera moins.

Les paysages sont merveilleux, la couleur verte prédomine, et ne manque pas de nous montrer ces plus belles nuances. Je découvre un lieu fait de rizière, de forêts denses, de petits chemins, de marches, de roches et au loin se dessinent les plus hautes montagnes que j'admire tant. C'est magnifique.

La mousson n'a toujours pas cessé. Malgré l'inconfort de ma cape de pluie qui me colle à la peau (à cause du vent), je me sens toujours aussi chanceuse de vivre ces instants authentiques. Par moment, j'ai même remarqué que ma pensée était ailleurs, comme lorsque l'on médite. J'étais à la fois ici et là-bas… Le corps lourd avance au rythme de ma respiration, et cette sensation me paraît presque légère. Mon fils aurait dit : « maman, tu marches comme un zombi ». Et il n'est pas si loin de la réalité. Quand le corps est douloureux, il arrive un moment où la conscience s'égare.

Je sens très fort le curry, chaque pas que je fais me le signale. Je suis imprégnée de cette odeur. À chaque mouvement, je me sens presque gênée de croiser quelqu'un… « Namasté » !

De belles rencontres sur mon chemin. D'abord Roshni, petite fille de 12 ans, qui m'a fait visiter sa petite maison. J'ai fait la connaissance de ses deux parents, qui nous ont gentiment, invité à boire un black tea. Mohan s'est chargé d'acheter des bananes, en me disant qu'il fallait que je prenne des forces. J'ai obtempéré, même si je n'avais pas faim. Cette petite pause était vraiment sympathique. Nous avons bien rigolé. Après avoir réalisé un TikTok avec Roshni, elle m'a proposé de me mettre la Tika sur le milieu du front, comme elle, pour me souhaiter plein de bonheur sur mon chemin. Avec un large sourire aux lèvres, elle a badigeonné une substance visqueuse et fait de riz mélangé à un yaourt et de pigments rouges. Je me suis prêtée au jeu. Sa maman nous a rejoints, et c'est elle qui a le plus ri. Je crois que le mot qui convient c'est « tartiner ». J'en avais plein le front, et le riz dégoulinait partout. Lorsque nous avons repris la marche, toujours sous la pluie, les Népalais souriaient en me voyant. Je crois que mes vêtements étaient baptisés par cette matière visqueuse et rouge… Mon image en a pris un sacré coup… Namas… té....

Puis ce soir, j'ai fait la connaissance de notre hôte, un jeune homme souriant et vraiment gentil. N'ayant ni lavabo, ni douche, ni eau chaude, il m'a cependant proposé de me faire chauffer l'eau dans une grosse bassine en métal. J'ai accepté de me laver à l'ancienne, j'ai trouvé cette expérience même plutôt marrante. Et sincèrement, je me sentais tellement sale et mouillée de partout, que je n'ai même pas réfléchi.

Il nous a préparé le repas du soir, nous avons échangé sur sa vie, qu'il trouve « normale ». Il est tellement heureux de vivre dans ses montagnes. Comme Mohan d'ailleurs, avec qui j'ai pu discuter un peu plus longuement ce soir. Mohan me dit qu'il est guide depuis 25 ans. Il aurait arpenté les chemins des Annapurna plus de 25 fois. Mais depuis le séisme de 2015, et le COVID, sa vie s'est précarisée. Il me confie qu'il n'a pas beaucoup d'argent et qu'il vit dans une petite maison de 10 m2 qu'il loue très cher. Avec sa femme, il tient un petit commerce de thé et de café (petit bar). Depuis juin, son fils est parti en Australie, pour le travail. Très dignement, j'entends, à travers ses propos, qu'il lui manque beaucoup. Il ne reviendra probablement jamais au Népal, il en est convaincu. Je réalise, dans le son de sa voix, l'intensité de sa peine.

Quelle vie, ici, pour tous ces jeunes ?

Je perçois la chance que j'ai. La France est belle et nous offre tellement de possibilités ! Malheureusement, je sais que parfois je l'oublie. Les voyages nous reconnectent à l'essentiel. Je remercie ma conscience de m'apporter sa plus belle lumière.

Belle nuit.

Mes premiers pas dans les « Annapurna »

Notre force se révèle dans nos galères…

Le 8 octobre

Ce petit carnet est le seul moyen pour moi de prendre une quelconque distance avec ce que j'ai vécu aujourd'hui : une sorte de montagne russe émotionnelle en réponse à une nature hostile. Journée extrêmement longue et périlleuse. Une expérience unique qui, sans nul doute, vient me chercher, dans les profondeurs de l'être que je suis. Au fond, n'est-ce pas cela que je cherchais ?

La nuit précédente fut réparatrice. Mon esprit s'est éveillé en douceur, vers 5 h 30 du matin. Rapidement, il a retrouvé son enveloppe, et j'ai très vite senti que tous mes muscles étaient douloureux : outre les quelques courbatures dans les mollets, je me suis rendu compte que mes épaules avaient également beaucoup souffert à cause de mon sac. Mais je crois que la douleur la plus aiguë à cet instant se localisait au niveau de mon pied droit sous la forme d'une énorme ampoule, qui, je le sais, aura bien du mal à guérir dans mes chaussures mouillées.

Bien au chaud dans mon duvet, il me fallait me préparer pour cette journée de marche, et remettre mes vêtements mouillés de la veille.

Au moment où j'allume pour poser le pied au sol… que vois-je ???? Une vingtaine de sangsues au pied de mon lit. Je fais leur connaissance sans m'y être véritablement préparée !

Alors c'est ça une sangsue, le corps d'un vers de terre et une bouche en cul de poule ???...Et très vite, retour à la réalité… Mais au fait, une sangsue, ça rampe ???? Dans la seconde qui suit, j'ouvre mon duvet pour y voir à l'intérieur… Ouf, les sangsues ne rampent pas…

Je décide d'escalader les lits, la chaise et la petite table qui se trouvent dans la chambre pour enfiler mes vêtements humides et froids, retrouver mes chaussures qui font toujours flop, flop, en m'étant assurée qu'elles n'étaient pas habitées…

Le petit-déjeuner m'a fait du bien, même si commencer par une sorte de beignet frit appelé tibétain bread (spécialité népalaise) n'est pas fun pour l'estomac. Au moment de quitter le lodge, vers 7 h du matin, je me rends compte que mon ampoule, mon dos, mes genoux ont du mal à repartir. Je rendosse mon sac qui semble s'être alourdi avec l'humidité de la nuit, et nous reprenons l'ascension de ces merveilleuses montagnes. Le temps est mitigé. Il ne pleut pas encore.

En chemin, je croise Guillaume, un jeune homme français que j'ai rencontré à l'aéroport de Dubaï. Je suis contente de le croiser ici. Lui et son petit groupe nous mettent en garde. Ils sont en train de redescendre, car en haut, la pluie n'a pas cessé, et a provoqué de nombreux glissements de terrain ainsi que des éboulis. Il m'informe qu'il y aurait eu des morts, et des gens sont bloqués un peu plus haut. Une route se serait même effondrée dans la rivière à cause des chutes d'eau. Eux font demi-tour, et ils nous conseillent d'en faire autant.

J'en fais part à Mohan qui ne semble pour autant pas inquiet, et me dit : « nous, on monte », pointant le doigt sur les sommets enneigés.

Mes genoux me font vraiment souffrir, je pense que mon ampoule au pied droit me désaxe. Mais nous continuons à grimper, jusqu'à ce que je m'aperçoive que 6 sangsues tentent de s'introduire dans ma chaussure (pied droit toujours), et parviennent à traverser le cuir de mes Goretex. À l'aiiiddeeeee !!! Je me sens empêtrée avec mon sac, mes bâtons et mes douleurs corporelles... Et la pluie retombe à nouveau. Je suis maintenant une obsessionnelle de la sangsue !

Quelques longues minutes de marche plus tard, cette fois-ci, la route est traversée par un petit torrent. Mohan souhaite traverser, nous traversons... J'ai de l'eau jusqu'aux mollets, mon ampoule n'est pas prête de guérir !

Les heures défilent, nous marchons toujours sous la pluie battante, et je comprends que les sangsues m'aiment. C'est horrible, je ne sais plus où poser mes pieds. Mes genoux me font souffrir, et je vois des marches à perte de vue...

Il est 15 h, et les nuages assombrissent tellement le ciel, au point de donner l'impression que la nuit tombe déjà. Nous nous arrêtons déjeuner dans le village de Thal. Je dis à Mohan que c'est vraiment trop. Nous marchons depuis 7 h ce matin, dans des conditions abominables. Il entend, enfin, je crois. Je prends mes bâtons après avoir badigeonné mes genoux et mes chevilles de baume du tigre. Je me dis que le Népal sans porteur, c'est comme un accouchement sans péridurale, c'est possible, mais plus douloureux !

Nous poursuivons notre chemin avec l'espoir d'y trouver un lodge. Nous passons des sentiers détériorés par les eaux, une énergie puissante qui n'arrête pas de faire glisser la terre dans le lit de la rivière. Puis, sans surprise (Guillaume nous avait prévenus), je découvre notre unique chemin recouvert d'une énorme coulée de boue. En contre bas : le torrent. Il fait presque nuit, je suis épuisée, et nous n'avons pas rencontré de lodges depuis plus de deux heures.

Mohan garde son sourire habituel et me dit : « on traverse ! »

À peine le temps de réfléchir, je prends mon souffle, et commence l'ascension épique et dangereuse de cette montagne boueuse. Alors que nous sommes en train de traverser, Mohan se montre davantage inquiet, et me cramponne le bras. J'ai de la boue partout, même dans mes chaussettes. Ici, je ne pense plus aux sangsues, j'avance en regardant droit devant moi, il me faut me concentrer sur le but à atteindre, l'objectif : celui de poser mes pieds de l'autre côté. Le corps le sait, il mène la danse, et je lui fais confiance et suis le mouvement.

Une fois de l'autre côté, je souffle enfin. Je m'adresse à mon guide, et lui signifie que c'est la première et dernière fois que je risque ma vie à ce point. Durant ce moment particulier, presque grave, je me représente l'intensité de ces mots qui sortent puissamment de ma bouche.

Je tente de continuer ma route avec l'esprit aussi léger et ouvert qu'en début de trek… Mais je sens combien mon corps et mon esprit se sont quelque peu repliés.

Nous continuons. La nuit est presque tombée sur ces montagnes. Nous passons devant un lodge qui fait froid dans le dos. Une dizaine de Népalais, avec leurs motos, discutent en plein milieu du chemin. Énergétiquement, cet endroit ne m'inspire pas. Je pose mes yeux sur cet abri de fortune et découvre un lodge suspendu au versant abrupt de la montagne, le torrent est en contre bas. J'explique à Mohan que ce n'est pas là que je veux dormir ce soir. Il me dit OK, je comprends et ajoute « ici, ce n'est pas pour vous ». Néanmoins, nous savons tous les deux qu'il nous reste encore deux heures de marche pour retrouver une chambre, et par conséquent, nous allons terminer à la frontale. J'accepte le challenge.

Mais 100 mètres plus loin, le sort s'acharne et les difficultés continuent. Cette fois-ci, une nouvelle cascade sur la route nous arrête définitivement. « Il est hors de question que je traverse ces chutes d'eau », trop dangereuses du fait de leur puissance et de la nuit tombée. Mohan insiste, il veut que nous passions. Il me propose même de prendre mon sac sur ses épaules. Je refuse sèchement, et cette fois-ci, c'est moi qui décide. Au bout de 10 minutes, il déclare forfait et accepte que nous rebroussions chemin. Et malheureusement, cela veut dire dormir cette nuit dans le lodge miteux que nous venons de passer.

Gros moment de solitude, le sentiment d'être contrainte et bloquée commence à poindre. Je signale à Mohan de m'oublier pour le repas de ce soir, je pense qu'aller se reposer est la meilleure chose à faire, et rendra plus acceptable l'impasse dans laquelle je me trouve. Avant de nous dire au revoir, Mohan m'explique de fermer correctement ma porte à clef. J'entends là une crainte supplémentaire pour moi dans la façon d'appréhender mon environnement actuel.

Ce soir, je suis épuisée, l'intégralité de mes vêtements sont trempées, je suis pleine de boue, ma confiance à l'égard de Mohan s'amenuise, je me trouve suspendue dans une cabane en bois, faite de brique et de broc au-dessus d'un torrent au sommet de sa colère, seule, et devant ma porte, une dizaine de Népalais avec leur bière à la main.

Comment je me sens dans mon corps ? Vulnérable et crispée. Certes. Dès lors que je pose ces deux mots sur mon carnet, j'entends que quelqu'un tente d'ouvrir ma porte.

D'une voix assurée pleine de courage, je réponds « non, vous ne rentrez pas !!!! » La personne dernière semble s'exécuter. Je crois que je vais passer une sale nuit.

Allez Carole, respire et centre-toi sur ta lumière, celle qui ancre et qui rayonne. Expérimente et tient le coup, « Namaste »…

Courage, partons !

Le 9 octobre

Comme nous l'avions programmé hier soir avec Mohan, nous quittons ce lieu absolument horrible pour rejoindre Bensisahar dans la journée. L'idée étant de prendre le bus pour Pokhara, et débuter le circuit des Annapurna dans le sens inverse. J'appréhende déjà de ré-escalader la coulée de boue de la veille, seul chemin possible, semble-t-il.

Je me lève donc un peu fébrile, et toujours réticente à retrouver l'humidité de mes vêtements. Pour la troisième journée consécutive, j'enfile mes chaussures mouillées et pleines de boue. Mon ampoule n'est pas très belle à voir, mais je la camoufle comme je peux.

Par chance, Mohan me fait escalader un petit sentier contournant le glissement de terrain. En redécouvrant le lieu stratégique, je me dis vraiment que c'était trop dangereux.

Nous arrivons aux alentours de 7 h 30 à Thal, et attendons la jeep. Tout comme le bus, les horaires restent très flous, et l'imprévisible est tellement prévisible.

Pense-bête après plusieurs jours d'expérimentation : Au Népal, « bientôt » ne veut rien dire ; 2 h comprenez plutôt 6 ou 9, quand un Népalais sourit, ça ne veut pas dire que tout est sous contrôle. Si vous voyez un Népalais prier dans un bus, alors faites de même, car le danger est bien présent. Une chambre avec un robinet d'eau froide, c'est « luxe » comme, me dit Mohan. J'ajoute que les Népalais roulent à gauche. Normal, ne pas s'étonner si, pendant des kilomètres, et dans les virages, ils empruntent la voie de droite et celle du milieu, en freinant vivement pour éviter un face à face. Ah oui, j'oubliais ! Au Népal, ils achètent leur permis, ils ne la passent pas.

OK, je pense avoir intégré un certain nombre de codes concernant le fonctionnement népalais. Je suis prête à continuer le voyage…

La jeep arrive donc au bout d'une heure d'attente, que nous passons devant un black tea. Nous sommes 9 dans l'habitacle, autant sur le toit. Après 2 h 30 de remous et de secousses dans la bonne humeur, nous arrivons enfin à Bensisahar, où nous prenons notre déjeuner. Ce sera pizza. Nous mangeons dans un « Burger station ». Je profite de l'intimité de ce lieu pour un brin de toilette. Je ne sais pas vraiment la tête que j'ai, mais je doute de ma fraîcheur.

Ici, étonnamment, il fait très chaud, mais l'air est toujours humide. J'en profite d'être connectée au wifi pour appeler ma petite famille. Je les rassure, tout va bien.

Par chance, nous trouvons un bus local pour nous amener à Dumbray (à 2 h de route), enfin 4, bien évidemment. Les routes sont très difficiles d'accès, et les arrêts pour remplir le bus se multiplient. Too much !! Il ne faut pas être claustro. À l'intérieur, j'y retrouve les bruits, les odeurs, la chaleur, la pollution, les gens qui crachent et ceux qui mangent des chips au curry…

Dès notre arrivée, un taxi nous sollicite pour nous emmener à POKHARA. Mohan hésite, j'insiste pour monter plutôt que d'enchaîner un autre bus. Finalement, il accepte de monter.

Après 3 h de route, faite de bosses et de nid de poule, à l'arrière d'un monospace vieillissant, nos gros sacs sur les genoux, j'entends un bruit étrange, dans le coffre. Je regarde Mohan, lequel me dit qu'il y a des poules enfermées dans le coffre. Nous sommes donc huit, dans la voiture, et des poules font aussi le voyage. OK, c'est le Népal !

Enfin, nous arrivons à Pokhara en milieu de soirée. Il fait nuit, je suis claquée, et je découvre ma chambre de ce soir, avec une douche (froide). Je suis quand même très contente. Alors que je file sous le jet d'eau froide, je remarque une blatte traverser le seuil de la porte, puis deux. OK, c'est le Népal ! Après tout, ça existe aussi en France !

Voilà… la journée s'achève. Je sens que mon petit confort d'Occidentale est un peu malmené, mais ça je le savais. Je prends conscience aussi que ma famille est un vrai soutien pour moi. C'est rassurant. J'ai besoin de me parler tout haut, d'écrire pour libérer. Tout ça, c'est OK !

Mon corps est un peu douloureux, mais peut-être que cette journée de transport, a permis de mettre au repos mes deux genoux. Et ça, c'est une bonne chose pour la journée de demain.

Sur ces belles paroles, belle nuit.

Australian camp

Le 10 octobre

Nous partons ce matin vers 7 h 30, en direction de Kande (à une petite heure de bus de Pokhara). Plus nous montons, plus nous nous rapprochons des nuages. C'est à nouveau sous la pluie que nous débutons notre journée de marche. Mohan m'a prévenu que nous ne marcherons pas beaucoup aujourd'hui. Je crois qu'il a compris que les derniers jours ont été éprouvants.

Nous n'avons marché que deux bonnes heures jusqu'au camp de base. En chemin, j'ai fait la rencontre de deux petits loulous, aux visages d'ange. Ils m'ont beaucoup touché, tant leurs regards étaient magnétiques : l'apparence de deux vieilles âmes ! Je me suis dit que les petits jouets que j'avais ramenés de France seraient pour eux. Ce moment privilégié passé à leur côté fut teinté de chaleur, de simplicité et d'une grande douceur. Leurs rires résonnent encore dans mes oreilles, et viennent contraster avec la misère environnante. Ici, dans ce lieu, ils n'ont rien. Autour de leur habitat, des détritus en tout genre : plastiques, papiers, et autres déchets. Je m'interroge : alors qu'ils font face aux plus hauts sommets des Annapurna, baignés dans cette ambiance où les dieux règnent, de quelle façon incarnent-ils la puissance du monde qui les entoure, et duquel ils font partie ? Quel avenir ici pour eux ?

Le moment est magique. Nous reprenons la marche sous une pluie battante, guidée par notre silence.

Mohan ne m'a pas menti. Nous nous sommes arrêtés à 13 h, dans un endroit merveilleux. La brume et le brouillard sont toujours au rendez-vous, mais nous savourons tous les deux notre traditionnel dal bath sous un abri extérieur. Je ne les vois pas encore, mais derrière ce rideau blanc s'élèvent les plus beaux pics. Il fait froid et humide, pour autant j'apprécie ce moment d'immersion en pleine nature.

Les black tea se succèdent, et me réchauffent. Il y a peu de touristes occidentaux ici pour le moment, seul un couple de Hollandais est arrivé dans la soirée. Quelques Népalais vont et viennent. L'ambiance y est conviviale et bienveillante. Je savoure cet instant de tranquillité, au son des gouttes d'eau.

Ce soir, je vais dormir dans une chambre au confort un peu sommaire, qui ne possède aucune vitre aux fenêtres. Seuls des volets battants ajourés me protégeront du vent. Par moment, j'aperçois le pic de l'Annapurna Sud, lorsque le vent balaie les nuages. Et puis il y a cette montagne mythique pour les Népalais : Machhapuchhare (qui veut dire queue de poisson). Une montagne vierge d'hommes et par conséquent de déchets (me dit Mohan). Je prends le temps de contempler ce décor sublime.

L'immensité m'inspire. À la fois hostile et puissante, elle vient nourrir ma force intérieure. Face à elle, je me sens dense, confiante, solidement incarnée. C'est dans ce calme et ce silence que j'expérimente ma propre foi. Après le flot des premiers jours, je vis cet instant comme suspendu, avec compagnon ce calme absolu. Une sorte de silence intérieur que mon esprit, encore sur ses gardes, savoure abondamment. Un silence qui s'entend. C'est à ce moment-là que je prends conscience de mon point d'ancrage, la source de ma lumière s'anime alors profondément dans mon ventre.

Après ces quelques jours difficiles, je me dis que je suis très fière de l'Être que je suis.

Belle soirée, namasté la lune.

La beauté vient toujours du cœur

Le 11 octobre

Tout comme hier, nous n'avons marché que 3 heures aujourd'hui. Je crois que Mohan est en train de ralentir le rythme. Mais du coup, beaucoup trop. Il n'arrive pas à trouver la nuance entre 3 et 10 h de marche. Est-ce aussi un trait népalais ?

Je tente de lui expliquer, mais malgré son beau sourire, pour aujourd'hui ça ne suffira pas à le faire continuer.

Je mets ma frustration de côté, d'autant que je découvre sur l'écriteau en arrivant au lodge : « Hospitality from the heart ». Un signe peut-être. L'endroit est bucolique, et la vue sur les montagnes est sublime. C'est OK pour moi, j'accueille. Et puis, je l'avoue, dormir dans une chambre à peu près propre avec un coin douche est également une cerise sur le gâteau. Dommage qu'elle soit froide cette douche.

Donc, je prends comme un cadeau cet après-midi cocooning (au programme douche, petite lessive à la main, méditation, sieste et écriture). Soudainement, la pluie se met à dégringoler ! Ouf, il n'y a pas de hasard. Merci Mohan.

Je me rends compte que partout à l'extérieur, les sangsues savourent cette humidité grandissante. Heureusement, ma porte n'est pas ajourée. De ma fenêtre, je vois les rizières aux dégradés de vert dignes d'une œuvre picturale. Je pourrais rester des heures à les regarder.

Durant le déjeuner, je fais la connaissance d'un petit groupe de Français. Ils sont 4 retraités (3 hommes et une femme). Ils parcourent le Népal, qu'ils connaissent relativement bien, pour y être déjà venus. Je trouve réconfortant de pouvoir communiquer sans la barrière de la langue, comme si cette familiarité pouvait soutenir, stimuler l'être que je suis… D'autant que Mohan est assez limité dans la compréhension du français.

Demain, nous partirons en direction des sources d'eau chaude, à Jhinudanda. Je ne sais pas trop à quoi m'attendre, je connais les merveilleuses « aguas callientes » du Pérou, et je me dis que ça peut être sympa d'en découvrir d'autres. Néanmoins entre la pollution des rivières, les sangsues et mon énorme ampoule pas belle à voir, je doute que l'expérience soit réellement un moment de détente. Allez, je verrai bien.

Grâce au wifi, je peux me connecter dans ce lieu. Je découvre les messages de ma petite famille. C'est une bouffée d'air pour moi, une sorte de nourriture pour mon être. Je réalise ce que « l'autre » en tant qu'individu libre et aimant, peut nous apporter. Je suis profondément convaincue que nous sommes chacun, des êtres entiers, unifiés par la conscience qui est en nous, et par définition des êtres libres et précieux. « L'autre » nous apporte un reflet différent, une nouvelle perception de la vie, une énième vérité. Et je reconnais sa nécessité et son importance. Sa présence est essentielle pour qu'intérieurement nous puissions chacun gagner en sagesse, en lumière, en éveil. Se suffire à soi-même serait un acte désespéré. La somme de toutes ces lumières incarnées représente une force universelle au service de notre Terre-Mère.

Cette source inépuisable à laquelle je fais référence depuis le début de mon voyage, est infinie et se trouve en chacun de nous, vibre, rayonne, nous rend ébahies devant la beauté du vivant. Il y a mille et une manières de s'y connecter, de la retrouver, de l'activer et de la faire renaître. L'expérimenter, c'est vivre autrement. C'est vivre avec plus de présence, de conscience et d'amour. Cette force incroyable est à notre service et notre portée. La voir, l'entendre et la ressentir c'est lui faire honneur.

Après ces quelques heures passées au repos, Mohan me propose de profiter des derniers rayons du soleil qui viennent enfin éclairer les sommets qui nous font face, pour prendre un verre. Il m'a commandé « une bière locale », dit-il. Je découvre ce breuvage… Alcool de millet chaud. Ce n'est vraiment pas bon ! Mais je suis ravie de partager ce moment avec lui. Nous parlons de sa vie, de son fils, de sa femme, du foot, de sa religion. J'entends sa spiritualité comme une sorte d'échappatoire à un quotidien bien moins idyllique, et selon moi bien enfermant. Mohan est-il heureux et au fond, quelle est sa définition du bonheur, si ce n'est « la normalité » ? Je m'interroge, que ferai-je à sa place ? Est-ce que moi aussi je m'abandonnerai à cette destinée « normale » faite d'efforts, de sacrifices et de labeurs ?

Bien évidemment, ma propre perception est fausse et peu audible, car elle est conditionnée par mon histoire, ma culture et mon environnement. Autant de questions tellement ouvertes, qu'aucune réponse ne peut y être apportée. C'est tellement plus juste comme ça.

La soirée fut bonne. Belle nuit.

Quand la connexion prend tout son sens

Le 12 octobre

Petit coup de mou aujourd'hui. J'ai encore eu beaucoup de mal à dégoter un lodge qui veut bien de moi. Les propriétaires népalais préfèrent les groupes, sans doute plus rentables pour eux. Mais à force de persévérance, j'ai enfin trouvé. Si l'endroit n'est pas mal, l'intérieur est cependant très moyen.

Je sens mauvais et l'absence de toutes commodités me pèse un peu.

Mohan m'informe que plus nous allons monter, plus les conditions d'hygiène et de confort seront sommaires. Au regard de ce que je découvre ici, je me demande ce que je vais trouver là-haut !

Même si Mohan est toujours présent, nos différences culturelles et sa compréhension limitée du français mettent quelques distances dans nos échanges. Je rêve de chaleur humaine, de chaleur tout court, ah oui… Et d'une douche chaude… Aucune depuis que je suis dans les Annapurna.

Heureusement que le soleil revient enfin… Je me laisse porter par lui, il m'est véritablement vital.

Depuis le début du séjour, j'ai beaucoup de temps pour moi, pour réfléchir. La marche est vraiment un bon outil de méditation. Après toutes ces journées dans l'effort, épurées de confort et d'hygiène, je vis pleinement cette nouvelle introspection.

Un peu comme-ci, je venais rendre visite à mon être intime, qui se trouve dans les profondeurs de mon ventre, pour y rencontrer mon âme. C'est dans le corps que tout cela se passe, ici à l'endroit du sacré directement relié à mes racines, comme par l'un de ces ponts suspendus du Népal.

Je rentre à nouveau dans ma grotte. À l'image de ce que je vis à l'intérieur, les éléments qui m'entourent me rappellent cette partie de moi, cette caverne obscure. Je sais combien il est important parfois de s'y replonger, pour comprendre, lâcher, avancer, nettoyer, guérir et se transformer.

Les paysages que je traverse sont faits de terre et d'eau, de forêts denses et humides dans lesquelles de légers filaments de lumière tentent de percer. Je marche sur des terres boueuses, et je m'enlise. Mes épaules alourdies par mon sac me rappellent le poids d'une vie, la mienne. Il est temps de faire du tri, de vider, d'évacuer, tout comme j'ai pu le faire il y a quelques années.

Je vis ces ambiances et cette énergie avec une certaine mélancolie (émotion que je connais bien). Cette sensation, je tente de lutter contre elle, alors que je sais qu'il me faut l'accueillir, et accepter sa présence en moi. Mais comment amener un peu de lumière dans ce lieu si sombre ? Profonde question, mais je me doute que ce n'est pas la plus urgente.

Le Népal met le doigt sur une faille qui m'appartient et c'est dans le silence et la méditation que je tente de l'aborder : celle du féminin, de la femme que je suis et qui se transforme, qui fait écho à la maternité, à la mère que j'ai eue et celle que je suis pour mes enfants.

Cette question s'abandonne en moi, provoquant des ressentis quelque peu désagréables, ainsi qu'un sentiment qu'une profonde blessure s'y loge. Je sais que ce que je vis en ce moment, c'est karmique. Une lignée féminine à réparer, guérir… Toutes ces connexions, tous ces ponts méritent, aujourd'hui, que je les parcoure avec une présence et une conscience absolue. Que va-t-il en sortir ?

[…] Silence

Un groupe d'Indiens squatte devant ma porte. Je les entends aussi nettement que le goutte-à-goutte du robinet dans les toilettes d'à côté qui refoule, et embaume ma chambre d'un parfum écœurant et nauséabond.

Nous y sommes : sans même m'en rendre compte, je suis en train de revisiter les profondeurs d'anciennes blessures, d'où s'échappe à nouveau cette émotion de dégoût, qui désormais refait surface.

Je me demande si cette grotte pourrait se transformer en un lieu de lumière et de paix, d'amour et d'humour : Dégoût… Des goûts… Deg ? Où ?

La femme que je suis devenue peut assurément s'améliorer. Je vois le chemin parcouru à mon sujet. Aujourd'hui, je me trouve tellement lumineuse, forte, optimiste et sacrément libre. Petit pied de nez à cette émotion qui tente de me plomber. Comment amener cette lumière à déverrouiller définitivement toutes ces chaînes :

Je suis confrontée ici et maintenant à cette émotion de dégoût. C'est ainsi, je réalise qu'au moment où j'écris :

— La pollution me dégoûte, au Népal et ailleurs

— Lorsque les Indiens crachent, partout, tout le temps, tout cela me dégoûte

— L'odeur des toilettes de ma chambre ainsi que la vue de ces sanitaires puants me dégoûtent

Suis-je en mesure de modifier cette aversion pour la rendre plus tolérable ? Est-ce que j'en suis responsable ?

Je sais que mes perceptions visuelles et olfactives ont été façonnées par mon histoire, mon passé et par conséquent mes croyances. La manière dont je vis cette émotion face à ces situations est ma réalité. Mais je suis seul maître du jeu. À moi de changer mon angle de vue.

Ma lumière ne renferme-t-elle pas aussi tous ces merveilleux parfums de fleurs ? Tout d'abord la rose, la plus parfumée qui soit. Je retrouve sa couleur rouge, et puis la rose aussi… Je sens sous mes doigts, le velours de ses pétales, son parfum magnifique et enivrant… Puis ma lumière est faite de lilas. En prononçant ces mots, je retrouve le buisson de lilas dans le jardin de mes parents. Ça sent bon le printemps, les dimanches en famille, mon enfance. Ma pensée s'échappe, et je suis transportée dans les parfums de muguets, ces clochettes annonciatrices des jours ensoleillés, puis les œillets de poète, j'adore ces fleurs-là… Je les visualise, les renifle, et là encore, des souvenirs ressurgissent. Et puis vient la lavande, celle qui parfume les haies de mon entrée, dans ces terres des Cévennes. Je vois encore les plus beaux papillons virevolter entre les tiges, au son des abeilles et des guêpes, sous un soleil doux et lumineux. Et puis, le Tiaré, petite gourmandise des vacances, qui me transporte sur le sable chaud… Hum !

Je m'amuse à retrouver ces odeurs qui me sont familières, et je me sens capable de baigner dans ces parfums que j'affectionne. Le sens olfactif est un sens que j'ai tendance à minimiser, pour autant, il me semble vraiment très riche pour transformer une ambiance et un état d'esprit. Il nous connecte, nous relie à des souvenirs, ceux d'une enfance, d'une amitié, d'un mari, d'un nouveau-né…

Je m'évade momentanément dans ces senteurs printanières, alors que je m'apprête à glisser dans mon duvet désormais parfumé et accueillant.

Belle et douce nuit fleurie.

Une sacrée aventure

Le 13 octobre

Ce soir, cet écrit est vraiment libérateur. Je me trouve à Bamboo, à deux jours du camp de base des Annapurna. Je devrai être ravie, et pourtant… Je me trouve dans un lodge très touristique, où règne une ambiance de hall de gare. J'avoue ne pas parvenir à prendre un peu de recul par rapport à Mohan et son absence totale d'anticipation… Je suis stupéfaite par sa manière d'organiser mon itinérance dans ces hautes montagnes, de sa légèreté face aux refus successifs et nombreux des propriétaires des lodges que nous rencontrons, son manque d'initiative et d'esprit critique.

J'aimerais qu'il comprenne qu'il m'est inconfortable d'entendre systématiquement chaque soir, qu'il n'y a plus aucune place pour moi dans les lodges. Je vois bien que les groupes ne rencontrent pas la même difficulté, sans doute plus rentables. C'est inconfortable parce qu'un refus, c'est deux heures de marche en plus, c'est arriver à la nuit tombée sans aucune assurance de dormir dans une chambre. Mohan paraît gêné lorsque je lui signifie mon mécontentement, et pourtant je sens bien que je me heurte à une différence culturelle majeure !

La journée a mal débuté. Après avoir pris mon petit-déjeuner, je me suis aperçue que le petit loquet en bois de ma chambre s'était refermé tout seul. Mon sac était donc coincé à l'intérieur, sans que je ne puisse entrer par un autre endroit. Au bout d'une heure de réflexion népalaise sur la façon de procéder pour entrer, je décide de prendre les choses en main, enfin en pied… Je donne alors un coup de pied dans la porte… Sans attendre, la propriétaire des lieux me signifie d'arrêter sans attendre. Dommage, j'étais persuadée qu'un second aurait pu délivrer mon sac. Et non il me fallait attendre qu'une solution arrive, de je ne sais où ? (Sans trop y croire, puisque rien n'était vraiment tenté.) Peut-être devrais-je prier moi aussi ?

Soudain, je pense que mon coup de pied et les discussions incessantes devant ma porte ont réveillé un groupe de jeunes Indiens. L'un d'eux me proposa de son aide, et d'un mouvement brusque, défonça la porte. Délivrance, nous allons enfin pouvoir quitter ces lieux…, merci !

Cette scène a bien fait rigoler Mohan, apparemment friand de ces moments presque burlesques.

J'ai beaucoup aimé la marche qui a suivi. Les paysages étaient magnifiques, et le soleil enfin présent. Quelle chance d'être ici et de vivre toutes ces expériences incroyables ! J'ai savouré cet instant comme une douce accalmie. Tout était génial, y compris le déjeuner en terrasse. Jusqu'à ce que nous commencions à chercher un lodge. Il n'était que 14 h.

[…]

Nous venons de marcher 10 heures. Nous nous sommes tout d'abord arrêtés dans un premier lodge. Hélas, toutes les chambres étaient apparemment réservées. J'ai bien vu qu'il n'y avait encore personne, et pourtant !

Les explications de Mohan étaient nébuleuses : à la fois, il m'affirma qu'elles étaient toutes réservées, et paradoxalement, aucune réservation n'était possible.

Il était 16 h, et la nuit commençait déjà à tomber. J'ai insisté pour que Mohan contacte le lodge suivant, plus haut. Ce qu'il a fait devant moi. Il s'est entendu dire qu'il n'y avait pas de places, que tout était complet. La négociation étant un acte difficile pour lui, il choisit cependant de tenter notre chance plus haut, malgré ce refus.

J'étais blasée, et ce fut pire quand j'ai senti la première goutte de pluie tombée sur mon visage… Je crois que je n'ai jamais marché aussi vite, avec ma frontale.

Arrivée à Bamboo, trempée, je me suis mise à l'abri dans un grand lodge, où les touristes affluaient. Pour l'heure, entourée de guides et de porteurs népalais, il me fallait attendre patiemment devant un black tea (Mohan m'avait servi sans que je lui demande). C'est la première fois que je le voyais arpenter aussi rapidement tous les lodges alentour pour me trouver une place. Sans surprise, en vain.

De retour, la mine déconfite, il me dit que je n'avais qu'une solution, dormir dans cette pièce avec les guides et les porteurs népalais. Je refusai. À cet instant, j'ai vraiment senti que je perdais patience. Pour autant, très calmement, je lui répondis que c'était impossible, et qu'il devait se débrouiller pour me trouver autre chose.

Ce qu'il fit rapidement. Le propriétaire proposa de monter une toile de tente pour que je dorme dehors. Vu mon état d'humidité et de fatigue, tant physique que psychologique, compte tenu des conditions météo à cette altitude, je refusai catégoriquement. Je pense qu'à ce moment-là, les deux ont compris que ce « non » était leur dernière chance avant que je m'emporte. Je n'ai pas eu à le faire, car dans les minutes suivantes, le propriétaire me présenta une énième et dernière solution à mon problème. Une chambre, pour le moment libre, que je devais partager. À bout de nerfs, j'ai bien évidemment accepté. Je déclinai le repas du soir avec Mohan, sentant que la fièvre montait (sans aucun jeu de mots).

Je pris le temps de me brosser les dents, tant pis pour la douche (au regard de l'hygiène…). Il n'y avait qu'une douche pour plus d'une vingtaine de chambres. Autant dire que c'était peine perdue.

Je me suis couchée dans mon duvet, humide et dépitée, il m'a fallu écrire pour libérer.

OK, je me trouve dans une chambre d'environ six mètres carrés, avec quatre lits qu'il me faut partager. L'hygiène est vraiment minime, mais en plus chaque lit se touche. Et si ce n'étaient pas des Français ? Sans doute que je devrais parler en anglais. Et si ce n'étaient pas des femmes ? Et si ce n'étaient pas des Occidentaux ? Et si c'étaient des Népalais, ou des Indiens ?

Et si, et si, et si….

À l'instant même, on frappe à ma porte !

Bon et bien bingo ! Trois immenses Indiens viennent d'envahir mon espace de vie… Je me dis que la nuit va être très difficile ! Je le sais déjà, rien qu'à les entendre cracher… Ils n'ont vraiment pas l'air méchants, mais je sens que les ronflements et le reste vont vraiment m'agacer !

Mohan m'a dit tout à l'heure que plus nous allons monter, pire ce sera pour trouver un lodge. Je suis stupéfaite, et partagée par mon envie de poursuivre mon ascension ou renoncer. Je déciderai demain si nous continuons à monter ou bien si nous redescendons.

Je ne me vois pas vivre ces moments de grande solitude tous les soirs jusqu'au camp de base à 4130 m d'altitude.

J'ai froid, toutes mes fringues sont trompées, il n'y a pas de wifi, je dors à côté de trois Indiens tête-bêche, lesquels font des choses horribles avec leur corps (crachent, ronflent, et tout ce que vous pouvez imaginer).

Je vis une chose incroyable…

Je vais tenter de trouver le sommeil ! je pense que d'ici quelques jours je pourrai en rire. Mais pour l'heure…

Allez, dormons !

Le soleil se lève tous les matins, quoi qu'il se passe

Le 14 octobre

Je me suis réveillée ce matin très tôt, alors qu'il faisait encore nuit. Sortie de mon sommeil par les ronflements indescriptibles de mes voisins de lit… Quand même, cette scène est surnaturelle pour moi. Jamais je n'aurai pensé dormir avec 3 Indiens dans une aussi petite pièce, et vivre un tel cauchemar sonore et odorant à près de 3000 mètres d'altitude.

C'est étonnant comment mon esprit s'est accroché à d'autres détails pour mieux vivre l'instant. Zappés, déconnectés, nous avons tous un potentiel pour nous dissocier de l'absurde. Comme un instinct de survie, l'esprit s'égare. Le corps est ici, la conscience est ailleurs. Quand le présent est insupportable, l'esprit s'évade. Et c'est ce qu'il s'est passé cette nuit-là.

Je me suis connectée à des choses familières. Les voix de 3 Français dans la chambre d'à côté. J'ai pensé dans un premier temps, à déménager pour leur demander l'hospice, mais il était tard, et blottie au fond de mon duvet, je n'ai pas eu le courage. J'y ai pensé, c'est vrai, mais je suis restée immobile.

Néanmoins, le simple fait de les entendre parler, rire et raconter un certain nombre de conneries m'a réconforté. Les écouter jusqu'à ce que le sommeil m'accueille, comme un enfant qui écoute la petite histoire du soir afin de voyager dans le monde chimérique.

Au petit matin, j'ai attendu que les trois Indiens quittent la chambre, pour enfin sortir de mon duvet et m'habiller. Remettre encore et toujours ces vêtements mouillés et puants… Je ne me vois pas, mais je pense avoir la tête des mauvais matins. C'est décidé, je ne veux pas revivre la même expérience la nuit prochaine. À nouveau, je renonce à l'ascension jusqu'au camp de base. C'est frustrant, mais je suis en phase avec ma décision. Tel est mon chemin.

Une fois mon paquetage refait, je me rends dans la grande salle à manger du lodge, où je retrouve Mohan. L'air soucieux, il me regarde. J'ai le sentiment qu'il craint ma réaction. Il se trompe, je ne suis pas dans la réaction, je ne lèverai donc pas le ton.

Devant mon black tea, je fais la connaissance de mes voisins français qui m'ont tenu, sans la savoir, compagnie cette nuit. J'ai souhaité les remercier de m'avoir sorti de mon grand moment de solitude. Ils avaient vraiment l'air sympas ces trois potes. Mon approche les a étonnés, mais c'est aussi une façon de rencontrer « l'autre » que de dire merci.

À 7 h 30 du matin, nous quittons donc Bamboo pour redescendre. Ce qui est vraiment gênant dans ce parcours, c'est que nous sommes désormais à la recherche d'un lodge dès 11 h du matin. Ce n'est vraiment pas top. Après 3 refus consécutifs, nous trouvons finalement un endroit pour dormir vers 14 h. Nous sommes à Chomrong. Je profite de ce lieu agréable, et d'une chambre avec une douche chaude, pour me détendre. Malgré une hygiène approximative, je prends plaisir à me doucher. J'ai lavé 2 ou 3 fringues qui ne sécheront probablement pas, mais il fallait le faire, c'était horrible l'odeur. Puis je me suis offert le luxe du wifi. Entendre mes enfants, qu'est-ce que ça fait du bien !

Comment je me sens : blasée, un peu agacée par le manque d'initiative de Mohan, frustrée aussi. Dans mon corps ? Je sens que ma peau est sèche, et pas hyper propre malgré la douche, je ne sens plus du tout mes douleurs de début de trek, je pense que mes muscles et mon squelette se sont habitués.

Émotionnellement, je crois qu'il y a un fond de tristesse et d'interrogation. Pourquoi je n'arrive pas à monter plus haut, à marcher dans la neige, à rejoindre le camp de base ? Je contemple les sommets enneigés, mais je ne parviens pas à m'extraire des forêts verdoyantes et denses de la moyenne montagne.

Il est important que je me reconnecte à mon centre. C'est ce que je fais cet après-midi en contemplant cet endroit, tandis que Mohan est parti faire une sieste. Je suis sur le toit du lodge, et la vue est sublime. Je retrouve mon calme et la paix intérieure. Ouf !

Soudain, qui je vois arriver ? Guillaume et Matthias, les deux Français ! Je suis tellement heureuse de les revoir ! C'est comme si, malgré le froid qui s'est installé ici, je sentais un vent chaud se lever. La vie est géniale !

Hier, je me sentais seule dans cette chambre, et ce soir, je savoure ce moment convivial et réconfortant en très bonne compagnie. Nous trinquons tous les trois, aux Annapurna, à nos voyages, à nos rencontres, à la vie tout simplement.

Durant la soirée, nous avons beaucoup ri, nous avons même joué aux cartes en dégustant des beignets de bananes. Improbable de se retrouver ici… Il n'y a pas de hasard !

C'est décidé, nous passerons les deux prochains jours ensemble, à marcher en direction du Poon Hill. J'en informe Mohan, précisant que nous suivrons leur guide, Manoj, pendant cette période.

Comme toujours, Mohan est d'accord. Il sourit.

L'esprit libre, je m'apprête à vivre une très belle et agréable nuit.

Le pouvoir attractif de l'optimisme

Le 15 octobre

Réveil en beauté avec vue dégagée sur l'horizon… Je parle sans doute aussi de mon état d'esprit d'aujourd'hui. Je suis avec mes deux compères français et leur guide. En route pour Tadapanie, 800 m de dénivelé, un parcours sportif, décrassant et sans pause black tea toutes les heures. Mohan a péniblement suivi le rythme, de mon côté l'énergie est revenue. Leur guide est bien organisé, il a anticipé notre arrivée dans un lodge. Une place nous attend ce soir, pas besoin de se presser. Quel soulagement d'avoir ce souci en moins !

Dès notre arrivée, je découvre les joies d'une douche chaudc. J'adore ! Mohan arrivera 30 minutes plus tard. Je culpabilise un peu, mais je sais qu'il connaissait le chemin. Je me sens active, heureuse, et je n'ai pas froid ! Serait-ce les effets de ce que l'on appelle la chaleur humaine ? Lorsque je le vois gravir les dernières marches, il s'approche de moi et me demande si je vais bien. Je lui réponds que oui. Je n'oublierai jamais sa gentillesse débordante lorsqu'il me répondit : « Alors si vous allez bien, je vais bien aussi ! ».

Je prends quelques instants pour ressentir la force de ses propos qui me ramènent directement à cette notion d'Amour inconditionnel. Est-ce cela que l'on appelle l'Amour avec un grand A. Suis-je capable de la même compassion, de la même bienveillance pour l'autre ? Malgré toute sa légèreté en matière de « danger », je ne peux que lui reconnaître cette sagesse.

L'énergie retrouvée, je m'échappe quelques instants pour écrire. Le soleil se couche sur les montagnes enneigées. L'air est frais, mais pour moi il est agréable. J'ai eu besoin d'appeler mes enfants. Ils me manquent beaucoup. Que pensent-ils de ce voyage ? Que pensent-ils de moi ? De leur mère ? De ce besoin de partir à l'aventure ? Mille questions.

Je repense à la phrase de Mohan. Pourquoi me percute-t-elle autant ?

Amour, conscience, présence ? Quel est le lien logique entre toutes ces notions ? J'ai l'impression d'identifier un triangle. Au niveau symbolique, le triangle est très riche. La sainte trinité dans la religion chrétienne, l'étoile de David dans la religion juive (deux triangles inversés), le mythe Isis- Osiris-Horus dans l'Égypte antique, et dans la franc-maçonnerie, le compas, l'équerre (triangle rectangle)…

Le triangle, indissociable du chiffre 3, qui évoque en vrac : le corps, l'âme, le cœur, la naissance, la vie, la mort, les trois dimensions, le passé, le présent et le futur.

La croix andine (la Chacana), souvenir d'une prise de conscience au Pérou (les 3 mondes, les trois affirmations, les 3 animaux, les 3 principes…)

Et s'il y avait ce lien évident, indissociable entre la conscience, la présence et l'Amour. Et si chaque triangle parlait finalement de la même chose ?

C'est sans doute ce que je suis venue comprendre ici, dans ces hauts plateaux népalais. Il n'est que 19 h 30, pourtant Guillaume, Matthias et moi sommes fatigués.

La nuit à Tadapanie sera revigorante, fraîche et merveilleuse. Il règne comme une ambiance de refuge ce soir, au coin du feu.

Gratitudes infinies…

L'harmonie partagée

Le 16 octobre

La journée fut sportive et magnifique. J'ai adoré ce lieu. Je m'aperçois que les paysages changent, et ne ressemblent plus tout à fait aux forêts denses et verdoyantes des premiers jours. Nous marchons les uns derrière les autres sur une crête dégagée : la vue est claire, l'horizon coloré.

Leur guide, Manjoy, est une personne exceptionnelle. Tout comme les Népalais que j'ai rencontrés jusqu'à maintenant, il déborde de gentillesse et d'attention. Mais au-delà de ces qualités, c'est un homme dynamique, qui n'a pas peur de prendre des initiatives (je lui reconnais cette force). J'ai plaisir à le suivre dans la découverte de cette partie des Annapurna.

Le rythme est intense. Marche après marche, mètre après mètre, j'arpente, escalade, traverse des petits cours d'eau, jusqu'à l'arrivée à Ghorepanie (le village aux maisons bleues). En chemin, je me nourris de beaucoup de belles découvertes : des points de vue, la faune, la flore…

Pendant de nombreuses heures de marche, je me sens entourée d'une belle énergie. Une douce présence. Le silence nous accompagne durant des kilomètres, entremêlés de quelques regards bienveillants, j'ai la sensation d'avancer librement et sans aucune difficulté. Même si le corps se confronte à la matière, par un effort physique puissant, je me sens dans une bulle agréable de sécurité. Je goûte à la joie de la méditation en mouvement. Un pas, une respiration et l'esprit dans les nuages.

Ensemble, nous faisons partie de cette nature merveilleuse. Il n'y a pas de différence entre nous et le reste du monde. Le sourire est sur tous nos visages. Mohan, plusieurs mètres plus loin, est dans son élément lui aussi. On dirait un enfant joyeux…

Une véritable harmonie se dessine à cet instant. Nous baignons dans cet équilibre, et nos esprits accueillent cette homéostasie comme un cadeau de la vie. Pas besoin de plus !

Nous arrivons à Ghorepani aux alentours de 16 h. Ce petit village très touristique nous offre une autre magie : celle de déguster ensemble un savoureux cappuccino. Cette rencontre avec Guillaume et Matthias restera précieuse pour moi. Leur simplicité et leur authenticité apportent une lecture plus riche et plus précise à ma réflexion autour de l'Amour inconditionnel. Je reconnais l'intensité de cette émotion lorsque je reçois l'énergie d'un être authentique. Merci à eux pour ce petit bout de chemin partagé.

Demain matin, dès l'aube, nous partirons tous les 4 en direction du Poon Hill, afin de contempler le lever du soleil. Mohan ne souhaite pas m'accompagner cette fois-ci, il dit l'avoir fait de nombreuses fois.

Une heure de marche à 5 h du matin, pour vivre un instant d'une simplicité merveilleuse. Je sais que ce moment sera fort pour moi. Il l'est déjà !

Ce soir, alors que je m'apprête à me coucher, je sens naître en moi une légère appréhension. Celle de dire au revoir à mes co-équipiers. Matthias et Guillaume repartiront avec leur guide après le petit-déjeuner, à POKHARA, tandis que Mohan et moi avons prévu de monter encore plus haut pour passer le col du Thorung à 6000.

Pour l'heure, mes paupières peinent à rester ouvertes. Demain, je me lève à 4 h 30 pour vivre mon ascension.

Merci, mon Dieu, merci pour tous ces beaux cadeaux.

Lever de soleil au Poon Hill

Le 17 octobre

Le soleil se lève et se couche chaque jour. Pourtant, ce matin c'était différent, je me suis levée avec lui. J'ai assisté à la naissance des premières lueurs du jour, laissant peu à peu les montagnes enneigées se dessiner à l'horizon. J'ai vu se peindre devant mes yeux, une aquarelle aux couleurs bleutées, roses et violettes sur cette mer de nuages qui se tenait devant moi. Malgré les nombreuses personnes qui m'entouraient pour vivre cette même magie, j'ai eu l'impression d'être seule au monde.

Cet astre est un cadeau de la vie, et l'immensité s'en réjouit. La beauté de l'aube se diffuse sur tous les éléments de la nature, venant ainsi coiffer, dans un doux rythme, les branches des arbres, les montagnes, et chaque personne qui le regarde. Notre présence l'honore, et je me dis à cet instant encore que je suis véritablement à ma place, ici et maintenant.

Nous avons immortalisé ce moment d'une magnifique photo qui restera l'un de mes plus beaux souvenirs népalais. Quelques heures après notre ascension, nous sommes redescendus au village de Ghorepani. L'heure est venue de nous séparer. Je sais que je ne reverrai jamais Manjoy, et peut-être pas plus Matthias, et Guillaume. La nostalgie d'un au revoir qui ouvre la porte à l'instant d'après. J'ai confiance en la vie, je sais que ces rencontres, celles qui transforment, il y en aura bien d'autres. Merci à eux pour ce qu'ils m'ont apporté. Gratitudes pour ces instants intenses et lumineux à leurs côtés.

Après le petit-déjeuner, nous avons repris la route avec Mohan, direction Tatopanie. Une petite journée de marche, tout au plus. Le soleil était présent, et il nous a accompagnés jusqu'à notre arrivée. Je me rends compte que mes chaussures sont enfin sèches, et mes vêtements moins humides.

Mohan est derrière moi, plusieurs mètres plus loin. Je crois que ses conditions physiques sont malmenées aujourd'hui par les milliers de marches que nous descendons. De mon côté, mon corps s'est habitué à porter ces 15 kg sur le dos, mon ampoule est moins douloureuse et mes genoux préfèrent que je les soutienne avec mes bâtons de marche.

Ces premières heures sont agréables, pourtant je trouve le moyen de tomber (si Mohan m'avait vu !) Une légère douleur à la cheville du pied droit se signale à moi. Sans doute une petite entorse. Mais je sais qu'il reste plus de 6 jours de trek, alors je tente d'accepter ce désagrément.

Les derniers kilomètres pour arriver au village sont moins agréables. Nous nous retrouvons sur la piste des jeeps, des bus et des camions. Une piste faite de cailloux, de sable et de poussière. Chaque passage de véhicule est un supplice, tant la poussière et la pollution sont brassées. La présence de l'homme vient heurter le sentiment de calme et de paix que l'on trouve en pleine nature. Je marche désormais avec un masque, des lunettes de soleil et le bonnet. J'ai hâte que l'on arrive tant les conditions sont mauvaises.

À notre arrivée à l'hôtel, j'ai eu besoin d'être seule pour le reste de la journée. Je crois que Mohan a compris, puisqu'il est parti prendre un bain dans les eaux chaudes et est revenu à la nuit tombée.

J'ai eu besoin d'écrire, de lire, de méditer et d'appeler ma famille. Je me trouve dans la petite cour de mon hôtel, un lieu calme et charmant (extérieurement). Ma chambre est… bon, passons. Je suis sortie visiter ce petit village (rapidement, il n'y avait qu'une seule rue). J'ai erré, avant de revenir et de profiter, l'esprit léger, de cette petite terrasse ombragée. J'y suis restée jusqu'à la nuit tombée, au son des oiseaux, des gens de passage. Le parfait endroit pour ressentir et vivre le silence intérieur. Un pas vers plus de présence, un pas vers plus d'amour…

Avant de me coucher, je me suis rendu compte que ma cheville était gonflée, une entorse, c'est sûr maintenant. Sur le plan symbolique, je me questionne. Qu'est ce qui me fait chuter, qu'est ce qui m'empêche d'avancer ou me freine ? Je sais que la mauvaise organisation de Mohan me rend méfiante pour la suite. Mais peut-il faire autrement ?

Allez, Carole, fais-lui confiance, et je suis certaine que ta cheville en sera allégée.

Demain, à 7 h, nous prenons le bus en direction de Muktinath (le plus haut village avant le col du Thorung). Faire confiance, faire confiance, faire confiance…

Le soleil est couché depuis bien longtemps, je décide de faire comme lui. Belle et douce nuit.

Lorsque la prière fait peur

Le 18 octobre

Je n'ai pas attendu la soirée pour écrire… Besoin de décharger.

Une matinée en enfer. J'ai tout eu, tous les signes d'une fin de vie anticipée. Un cauchemar absolu. Sans excès dans les mots que je vais utiliser maintenant, je n'ai jamais eu aussi peur pour ma vie. Je pensais que j'allais basculer dans la mort chaque minute passée dans ce bus, sur ces routes tellement dangereuses du Népal. Des heures abominables à entrevoir chaque mètre parcouru comme un puits sans fond.

Nous sommes partis ce matin de Tatopanie, direction Muktinath. En route pour 3 heures de bus local. Après avoir attendu plus d'une heure l'arrivée du chauffeur, rapidement, je me suis rendu compte que celui-ci n'était pas comme d'habitude. La tôle plus froissée, l'intérieur plus défoncé… bref un bus dans un état incroyablement délabré.

Pourtant, nous sommes quand même montés, et on nous a placés à l'avant droit de cet engin (côté fenêtre derrière le chauffeur). Alors que je me suis introduite avec difficulté sur le siège, le sac sur les genoux, j'ai réalisé que j'étais la seule femme au beau milieu d'une population exclusivement masculine et népalaise. Cette fois-ci, ni femmes, ni enfants. Un peu étrange, et pourtant… je suis restée.

À ce moment-là, je ne le savais pas encore, mais je m'apprêtais à vivre le pire moment de ma vie.

Alors que le bus démarra, quelques centaines de mètres plus loin, première pause pipi. Arrêt pendant au moins une demi-heure. La musique est à fond, la poussière s'est déjà emparée de l'espace intérieur. Je reste néanmoins assise, avec mon sac de 15 kg sur mes jambes repliées, le masque sur le nez…

Une fois le bus à nouveau chargé, bien chargé, le chauffeur redémarra. Et comme d'habitude, la conduite fut sportive.

La pluie de ces derniers jours semble avoir laissé des traces sur les routes. En contre bas, la rivière bouillonne toujours. Nous longeons la falaise sur notre gauche. J'observe l'hostilité de la nature qui m'entoure, comme si les rochers voulaient nous pousser vers le torrent qui se trouve à ma droite. Et c'est le cas, avec la mousson, des pans de routes entiers ont glissé dans ces eaux dévorantes, laissant la piste amaigrie. D'importantes portions sont abîmées, voire absentes ou encore envahies de sable et de cailloux.

Je remarque que la route est terriblement dangereuse par son inexistence. Alors que j'ai la tête collée sur la vitre, mon cœur s'affole. Je ne vois plus de route, pas un centimètre de terre ne dépasse de la carrosserie. Je lève les yeux devant moi, et je découvre en effet que notre bus semble bien plus large que le sentier sur le lequel nous avançons à faible allure. À gauche, la falaise rocheuse, à droite (bien plus bas), le torrent déchaîné.

Collée dans le siège pourri de l'engin, je respire comme jamais. Je vais spontanément chercher l'air au fond de mon ventre, je suis terrifiée.

Quand je me tourne vers Mohan, je vois qu'il a les yeux rivés sur le pare-brise. Il ne bouge plus, tout comme les autres personnes d'ailleurs, il paraît complètement paralysé. Le chauffeur, lui, se cramponne à sa portière. De temps en temps, son téléphone sonne, et il décroche. Le moteur ronfle tandis que péniblement nous cheminons sur cette route de la mort.

À aucun moment, je ne pense à fermer les yeux, je suis en alerte permanente, chaque seconde m'angoisse. Je sens une émotion forte monter dans ma gorge. Je m'adresse à Mohan et lui demande : « mais toi aussi tu as peur ? »

Il me répond « Oh oui, c'est très dangereux ». Je prends conscience de la force de ses propos (Mohan a peur ! Je suis donc bien en danger).

Je suis terrifiée, je regarde les autres personnes derrière moi, et je m'aperçois que le silence et l'inquiétude ont gagné tous les visages, certains d'entre eux sont en train de prier. Intérieurement, je suis paniquée, je regarde à nouveau derrière la vitre du bus, et découvre des carcasses de camions en contrebas. C'est trop !

Alors que je cherche difficilement mon souffle, bien plus en profondeur pour me recentrer, et me calmer, je dis à Mohan : – « tu es fou de m'amener dans ce bus pourri, on va tous mourir ici. C'est n'importe quoi, tu ne dois pas emmener des touristes dans des lieux comme ça ! J'ai des enfants, ce n'est pas possible. Descends-moi de là ! ». Mohan ne me répond plus, son regard reste figé, je crois qu'il ne sait plus quoi faire, il est dans l'évitement.

Je comprends que personne ne me fera descendre, je suis prisonnière de cette carcasse métallique.

Je respire comme jamais pour trouver la vie, et questionne à nouveau Mohan : « Combien de temps dure ce trajet ? »

Il me répond : « 47 km ».

Je suis sidérée… J'ai l'impression que je suffoque intérieurement. C'est un réel exercice de recentrage méditatif. La force et la puissance de ma respiration sont ma propre prière intérieure. Est-ce mon heure ? Oui ou non ? Faire confiance au chauffeur, à ma destinée, à Dieu…

Les heures furent interminables. Mais si j'écris maintenant, c'est que je ne suis pas morte. Merci à l'univers. Une fois en haut, je découvre un paysage de steppe mongole. Le froid et l'altitude l'emportent. Pas de verdure, juste de la roche, de la terre et du sable. Autour de nous, les pics enneigés des Annapurna sont plantés dans ce décor immense et absolument merveilleux. Je me sens vulnérable. Mon esprit a quitté mon corps. Il faut que j'atterrisse enfin.

Nous nous dirigeons vers l'hôtel dans un silence absolu. Je n'ai pu dire un seul mot depuis que j'ai posé le pied au sol. Je me trouve en haute montagne, avec un guide qui n'est en fait, depuis le séisme de 2015, qu'un marchand de thé dans les rues de Katmandou. Il a 55 ans, et la vieillesse népalaise semble l'avoir emportée. Mohan ne répond pas lorsque je lui dis que j'ai peur : le glissement de terrain du début du trek, la cascade qu'il souhaite traverser, les lodges miteux, les « pas de places dans les lodges », et enfin ce bus de la mort.

Je me dis que Mohan n'est pas en mesure d'anticiper quoi que ce soit. Et je pige maintenant, alors que nous sommes à plus de 4000. Je sais que traverser le Thorung avec Mohan me pose un sérieux souci de confiance. Je ne suis même pas sûr qu'il ait un pansement dans son sac si je me fais mal. Sérieux, je ne le sens pas.

Nous partons à la recherche d'un toit pour la nuit. Après le traditionnel premier refus, nous parvenons à trouver un hôtel qui veut bien de nous. Je reste silencieusement méfiante. Mohan le sait, le sent et le voit. Avant même de me montrer la chambre, il m'installe pour le déjeuner. Je lui dis que je souhaite rester seule pour un temps. Je rumine en reprenant mes esprits. Je ne peux pas aller avec lui là-haut. Je regarde à nouveau sur ma carte le circuit des Annapurna, je ne vois pas comment je peux descendre si ce n'est de faire marche arrière, à pied bien sûr.

Mohan revient vers moi, l'air gêné, me proposant un black tea. Et là, bingo, je me lâche. Je lui dis que non, pas de black tea. Moi je veux un vrai guide, un guide qui ne me met pas en danger, un guide en qui je peux avoir confiance… Je lui dis que je suis en colère après lui, que jamais il n'aurait dû me faire monter dans ce bus de la mort. Et que je n'irais pas avec lui à 6000. Je poursuis en lui demandant s'il sait là-haut comment c'est ?

À cet instant, je vois qu'il perd tous ses moyens, mon attitude le déstabilise beaucoup. Mais mon exaspération n'est pas au bout de ses peines. Il regarde à gauche, à droite, et demande au premier guide qui passe devant lui s'il sait, dans quel état se trouve la neige là-haut.

Je me dis alors que ce n'est pas du tout prudent d'y aller avec lui. Je ne sais pas quoi faire, d'autant que le guide lui a répondu qu'il fallait des crampons pour monter. Bien évidemment, nous n'en avons pas.

Étant encore sous la pression émotionnelle du matin, je décide de contacter Tom (j'ai tellement besoin d'être soutenue). Au son de sa voix, je ne peux retenir mes larmes. Je libère, il faut que ça lâche. Qu'est-ce que ça fait du bien ! Après quelques minutes d'un échange efficace, nous décidons d'en informer Bhim, le directeur de l'agence de voyages, afin de lui faire part de la situation, et de mon souhait de changer de guide.

Ce que je m'empresse de faire dans la foulée. Bhim m'écoute et sans surprise il dit oui à tout. Néanmoins, il me signale que je changerai de guide lors de mon arrivée à Pokhara. Il me faut donc redescendre à pied. Six jours de marche, c'est parfait c'est le nombre de jours qu'il nous reste dans les Annapurna. Je suis blasée, mais la solution est là, devant moi.

Mohan avait raison, le black tea est un bon moyen de se poser et de retrouver ses esprits. Après une grande discussion avec lui au sujet de la confiance, et de notre approche différente du danger (et pas seulement), je m'aperçois que mes propos l'ont beaucoup affecté. J'en suis tellement désolée, et pourtant, je ne peux lui dire autre chose.

Face au danger, Mohan prie naïvement les Dieux qu'il honore. Je comprends alors que cette spiritualité est un dogme, une tradition culturelle et familiale, une référence qui n'appelle pas l'esprit critique. Par manque d'instruction, Mohan est sans doute comme beaucoup de Népalais, dans un mimétisme spirituel, qu'il ne parvient pas à incarner. J'ai le sentiment que le corps est absent. Pour quelles raisons ? Pourquoi ?

J'ai soudainement l'impression de me trouver face à une vitrine. Une magnifique représentation de la spiritualité, une belle leçon sur la tolérance, la gentillesse, la bonté et pour autant je me demande quelle souffrance et quel besoin se cachent derrière cela.

Un tel esprit de sacrifice, une condition humaine d'une pauvreté incroyable, malmenée par un gouvernement corrompu, où les lois en matière de caste ne leur laissent que peu d'espoirs d'évolution. Une population de l'effort, du mérite, tout ça pour quoi ? Des animaux sacrés rachitiques, une terre et des rivières polluées, une déchetterie de plastiques grandissante, des gamins dans la misère, une politique de soins inaccessibles, des chips aux fausses épices saveur curry viennent remplacer le traditionnel dal bath. Tout ça pourquoi ? À quoi sert la spiritualité sans corps si ce n'est de se leurrer quant au bonheur ?

Soudain, je suis prise de tristesse et de désillusion lorsque je me rends compte de la fragilité de certaines personnes dans leur chemin vers la spiritualité. Je ressens de la compassion, de la pitié et de l'indulgence pour cet homme démuni qui se tient devant moi, et qui ne parvient plus à bouger. À cet instant, je me sens médiocre et tellement ignorante.

Je comprends alors que l'éducation et la sensibilisation d'une approche corporelle sont fondamentales pour garder un peuple vivant. Tant que ces silhouettes colorées erreront dans la sphère haute, les politiques continueront à envoyer autant de Népalais au Qatar pour une coupe du monde malsaine, dans des conditions abominables, sans que personne ne se plaigne. Les veuves meurtries continueront à pleurer leurs maris. Les Népalais continueront à prendre des risques considérables sur leurs routes pourries et s'empoisonneront en pensant que les dieux ne leur offrent que cette destinée.

Je viens de comprendre et d'expérimenter l'essence même de la spiritualité : celle du lien fondamental entre présence et conscience. J'entends vibrer la puissance de ces mots dans tout mon être.

Après la découverte cet après-midi du monastère de Muktinath, je suis de retour dans ma chambre. La haute altitude rend les murs glacials, et mon duvet également. Ce soir, pas plus de 10 degrés à l'intérieur.

Demain, Mohan et moi emprunterons la piste poussiéreuse pour redescendre. Cette journée a été vraiment formatrice. J'ai compris l'importance du corps dans le spirituel. Sans lui, la spiritualité n'est que une volupté, un effluve par définition sans consistance.

Je découvre alors la préciosité de mon art en matière de libération émotionnelle, et la nécessité de rendre la conscience présente, et la présence consciente. Voici ma mission, maintenant c'est intégré.

Merci mon Dieu, pour tout ça…

Un nouveau jour se lève…

Le 19 octobre

Nous sommes partis très tôt ce matin, ainsi nous avons pu arriver à Jomsom assez tôt dans l'après-midi. Durant ces 6 heures de marche, j'ai eu l'occasion de redécouvrir une portion de la piste empruntée la veille par notre bus de la mort. Mais je sais que le plus dangereux se trouve au Sud, à partir de Ghasa, jusqu'à Tatopanie.

Jomsom est une ville poussiéreuse, polluée, et sans touristes. Avant de parvenir jusqu'ici, j'ai découvert avec une grande joie des paysages ressemblant aux steppes de Mongolie. Rien, ni arbre, ni buissons. Simplement des montagnes rocheuses, du vent et du sable, dans une ambiance froide et sèche. Je réalise chaque jour davantage l'hostilité de cette région du monde. J'ai croisé des femmes et des enfants dans le lit d'une rivière asséchée, en train de briser des roches avec un petit marteau. Pour quoi ? Pour qui ? Des gamins de l'âge de mon fils endossaient presque deux fois leur poids de pierres et autres radouilles. Comment pouvons-nous laisser faire ça ?

À la tombée de la nuit, Jomsom est une ville aux mille lumières. On dirait qu'une autre forme de vie s'installe : plus festive, plus joyeuse. À cette heure-là, la poussière se repose.

C'est à la fois plus calme et plus serein : l'âme humaine se déploie autrement. Les enfants courent dans les rues, les restaurants s'animent. Face à cette scène, la magie du lieu me percute.

J'ai eu l'immense bonheur de me détendre cet après-midi, dans un hôtel propre. Comble du luxe, j'ai joui d'une douche chaude, une véritable douche, avec un pommeau ! J'y ai passé de très longues minutes à aimer sentir l'eau ruisseler sur mon visage, sentir mes cheveux s'alourdir sous une cascade à la bonne température, s'écoulant dans le creux de mon dos, et enveloppant mes pieds secs et endoloris. Moment de joie intense et de bien-être absolu.

Après ce doux moment d'intimité profonde, j'ai pris soin de mon corps, de mes cheveux. Je vois bien que mon visage a souffert du froid, du soleil, de la poussière et de la pollution. Ma peau sent bon. Cette ambiance m'invite à méditer. Un temps agréable, calme, réchauffée par une douce lumière derrière les vitres de ma chambre. Le soleil est là aussi en moi, au niveau de mon front. Je le laisse m'inonder. Je suis sereine.

Quelques heures plus tard, je descends dans la salle de restaurant de l'hôtel. Comme d'habitude, je suis la seule touriste ici, c'est un véritable privilège. Mohan n'est pas revenu de sa sieste. Je le comprends, malgré le soleil de cet après-midi, il a fait froid et la poussière n'est vraiment pas agréable. Je me demande comment font tous ces gens qui tiennent leurs petites boutiques « pignon sur rue ».

Une fois, n'est pas coutume, je commande un black coffee et reprends mes livres que je connais par cœur (guide du routard du Népal). Lumbini et Sauhara seront la suite de mon voyage. J'ai hâte.

Je lève les yeux devant moi, je rêvasse, je regarde dehors, la rue, les enfants, les gens. Au milieu d'une pauvreté qui fait mal aux yeux, des rires, des accolades. La vie.

Autant de perceptions différentes de la vie que d'humains sur terre. Je me dis que les propos d'hier destinés à Mohan ont été sûrement très durs pour lui. Je lui reconnais une trop grande légèreté. Mais au fond, qui suis-je pour lui renvoyer cela, moi, avec mes yeux d'Occidentale ? Chacune de nos peurs résulte de notre propre histoire, de notre culture aussi. De quel droit je lui impose ma perception du danger ? C'est mon insécurité, la mienne, ma peur. Ce n'est pas à lui de me rassurer, je suis la seule responsable de ce que je vis. Nous sommes tellement différents, ici mes repères sont bousculés.

« Ouvre ton cœur Carole, ouvre et accueille ce qui vient à toi. »

Je sais que chacun fait ce qu'il peut avec la vie. Chacun se débrouille pour régler cette question ultime et existentielle : celle de la mort. La façon dont on procède pour cela nous appartient. Libre à moi de trouver mes ressources, la force de vaincre cette peur. Entre terreur, panique, peur et appréhension, il existe des nuances. Ce sont ces nuances qui régissent notre capacité à vivre.

Ici, à Jomsom, je poursuis mon chemin comme je peux. Merci aux êtres de lumière qui se trouvent sur mon chemin, et qui m'aident à résoudre à ma manière, ma question existentielle.

La parole libératrice

Le 20 octobre

La nuit a été bonne, mais je remarque tout de même que ma cheville douloureuse est toujours autant enflée. Ce n'est vraiment pas le moment qu'elle me lâche ! Je perçois également que ma gorge est sèche et elle aussi, pas au top de sa forme.

Dans les rues de Jomsom, la poussière est déjà partout, et s'immisce dans ma chambre. Une pellicule blanchâtre sur la table de nuit me saute aux yeux. Après avoir réuni mes vêtements, je jette un rapide coup d'œil autour de moi. Cette chambre était la bienvenue, je la remercie de m'avoir accueillie.

Mohan m'attend dans la salle du petit-déjeuner. Il paraît plutôt détendu par rapport aux derniers jours. Sans doute que notre discussion de la veille devant un verre d'alcool de millet en est pour quelque chose.

Après le petit-déjeuner, nous endossons péniblement tout notre attirail, puis nous poussons la porte qui donne sur la rue. La réalité refait surface. Entre pollution, poussière, bruits, et mouvements, je retrouve le décor de la veille.

Je laisse Mohan me devancer, j'ai envie de marcher seule. Il me reste 4 jours avant d'arriver à Pokhara, et le temps du bilan va bientôt s'annoncer.

Je me dis que cette nature est vraiment hostile et parfois peu accueillante. Je traverse des villages fantômes, en prenant le temps de regarder l'architecture des maisonnettes. « Architecture » est un bien grand mot… Des sortes de cabanons bleus et blancs, aux toits écrasés par des couches successives de bûches. Il semblerait que cette manière d'entreposer le bois a un rôle majeur à cette altitude. Par leur poids, les rondins permettent de retenir la tôle sur les murs (en cas de grand vent, c'est mieux !).

Nous nous trouvons sur le vieux sentier des Annapurna. Depuis la création de la piste pour les véhicules, plus aucun touriste ne passe ici. Nous ne croisons que des villageois, il n'y a pas foule.

Mohan et moi traversons parfois des ponts suspendus pour rejoindre la piste. Les rares personnes que je croise éveillent en moi une profonde compassion. Quelle force les pousse à rester dans ces coins reculés du Népal ! De quoi vivent-ils ? Une autre forme de misère, celle que je découvre dans le regard de ces gens me laisse sans voix.

Il fait froid, mais le soleil pointe derrière ce rideau de poussière permanent. Mohan souhaite s'arrêter pour déjeuner, et m'informe que nous repartirons demain matin pour la suite de notre aventure. Il semble connaître un lieu pour dormir. Il n'est que midi, et je sens déjà naître ma frustration. « S'arrêter ? Mais pour quoi faire ? Il n'y a rien ici ».

Alors que je termine ma noodle soup, Mohan envisage un après-midi repos et sieste. Dans un premier temps, je me résigne… mais très rapidement, je me dis que nous pourrions descendre davantage. Je garde en tête la difficulté de trouver un endroit pour dormir, mais cette fois-ci, pour des raisons différentes. Il n'y a que très peu de lodges de ce côté des Annapurna.

Mohan accepte sans rechigner, nous repartons.

Une petite heure après, alors que nous déambulons à nouveau sur la piste, freinée par la poussière, je me rends compte que mes maux de gorge s'aggravent : un goût étrange dans ma bouche, un goût de sang. Un énième camion me frôle à vive allure, me faisant disparaître derrière les fumées nauséabondes de son pot d'échappement.

Je m'arrête et appelle Mohan qui se trouve une dizaine de mètres devant moi.

Je suis épuisée de cette ambiance, et absolument pas prête à autant de sacrifices. Je suis en voyage, pas au bagne !

« Stop, Mohan, on s'arrête maintenant, on fait du stop, on arrête de se sacrifier ! En France, on ne vit pas comme ça, on ne fait pas ça ! Ça n'a aucun sens ! On s'écoute, on se respecte, la souffrance n'est pas le seul repère », réagit Mohan.

J'ajoute sur le même ton : « tu vois un touriste ici, non, on est deux imbéciles qui marchent dans ce trou paumé… on arrête… tu prends du plaisir toi ? Non. Eh bien moi non plus ! »

Sans même que Mohan me réponde, sans même qu'il comprenne ce mot « plaisir », je lui répète que nous allons faire du stop. Mais il me répond que ce n'est pas possible, car il faut réserver le taxi.

Personne ne s'arrêtera. Et en effet, personne ne s'arrête. « Mais qu'est-ce que tu attends Mohan, appelles, réserves ! »

Il me répond naturellement, les yeux baissés comme un enfant que l'on fâche :

« Je n'ai plus de batterie ».

Je sens mon corps s'alourdir, s'effondrer. Je suis décontenancée, je souffle et me dis que je suis épuisée par sa légèreté. Je trouve cela pathétique, et finis par sourire intérieurement.

Nous poursuivons notre route jusqu'au village suivant : Larjung, où nous trouvons l'unique Lodge du village. Il fait froid ici, pas d'eau chaude, pas de cheminée, pas de… Bref, rien quoi. Je suis dans le rien. Et Mohan, assis en face de moi, me regarde sans dire un mot. Je le sens compatissant, prêt à me faire plaisir. Il attend que la solution vienne de moi, ou des Dieux ?

Je m'adresse à nouveau à lui : « Mohan, il faut que l'on fasse le point. » Il me répond en souriant : « tu veux aller au petit coin ? »

Gros moment de solitude… « Non Mohan, réunion, on se parle, ça ne va pas. On prend un taxi jusqu'à Ghasa, et on se tire de là ».

Il ne sait plus quoi faire, alors il tente de répondre à toutes mes interrogations sans trop réfléchir.

Au bout de plusieurs minutes d'échanges et un appel à Bhim, un taxi est enfin réservé pour demain matin 7 h. Nous gagnerons quelques heures de marche sur la suite du parcours. C'est déjà ça !

Ce soir, je suis à plat. Après une assiette de pâtes absolument immondes, je m'enroule dans mon duvet dont l'odeur m'insupporte.

Encore une journée un peu galère. Demain sera meilleur. Bonne nuit.

Leçon de vie

Le 21 octobre

Il est 15 h. Nous nous trouvons à nouveau dans le village de Tatopanie depuis presque une heure. Nous sommes arrivés avec une journée d'avance, grâce au taxi !

L'hôtel est toujours aussi sommaire, mais ce que j'aime dans ce lieu, c'est cette cour intérieure à l'ambiance calme et tropicale. Nous avons quitté Larjun ce matin à 7 h. Le taxi était un bon compromis (même si les Népalais ne sont vraiment pas des as du volant !) Le chauffeur nous a descendus à Ghasa, et à partir de là, nous avons poursuivi notre chemin à pied (la piste étant vraiment trop dangereuse).

Mohan a souhaité continuer sur le vieux chemin. Ce sentier longe la rivière et par conséquent nous avons pu avoir une vue d'ensemble de la piste et du trafic. J'ai réellement pris conscience de notre irresponsabilité d'avoir pris cette route en bus, il y a 4 jours. N'importe quoi !

Cette partie du sentier est magnifique ; je retrouve les paysages boisés, doux et colorés des Annapurna. Moins de poussière et moins de bruit. Nous avons marché durant 6 heures, et j'ai vraiment savouré cette ambiance. J'y ai croisé des enfants, des chiens, des chiots, des villageois qui ne voient plus que de rares touristes depuis la construction de la route…

Beaucoup d'entre eux ont dû fermer leur lodge, plus personne ne passe ici. Je n'ai, en effet, croisé personne depuis le début de notre journée. Néanmoins, la vie existe encore dans ce lieu. Des enfants, des sourires… de belles rencontres.

Nous avons fait le point avec Mohan. Demain, nous partirons à Pokhara en bus local (prendre une jeep serait trop cher). Selon lui, cette partie de route est moins dangereuse. Mais il m'explique que si ça l'était, nous devrions avertir le chauffeur afin qu'il nous descende. Si tel est le cas, il n'évoque pas de plan B. Il me précise cependant avoir cette fois-ci, réservé l'hôtel. Je sens que Mohan s'est dépassé pour me donner toutes ces infos. Il est touchant.

Il termine en disant que si vraiment c'est trop dangereux, il nous faudra prier les Dieux.

J'écoute, je souris. Je dis oui.

Cette discussion m'a fait du bien. Je me sens en paix. Je sais qu'il y a des choses qui m'échappent, mais j'ai confiance en moi et en la vie. Ces moments de galère m'apprennent tellement. Je suis capable de garder mon sang-froid, même si parfois je sens que je vais le puiser vraiment très profondément. Je sais que ma famille me soutient aveuglément. Tom sait trouver les mots pour me booster et mes enfants sont toujours présents. Ils sont libres. Je suis fière de notre indépendance, de ce lien d'attachement que nous avons créé.

Ma quintessence est l'écriture et la méditation. J'aime la chaleur des rayons du soleil sur ma peau. J'aime les arbres, la nature sauvage, les enfants et les animaux que je croise. J'aime les douches chaudes, de temps en temps, mais elles ne me sont pas vitales. Les légumes me manquent (je commence à en manger dans certains lieux, je croise les doigts pour que mon intestin les digère…).

Voilà, je sais tout ça de moi. Je ressens beaucoup de simplicité, pas besoin de plus.

Je sais aussi que l'ennemi n° 1 de l'Amour est la peur. La peur de la mort. La peur est toujours une projection. Mais je sais aussi que si nous sommes capables de nous ouvrir à l'instant présent, alors la peur n'existe plus.

L'ennemi n° 2 de l'Amour est la colère (et tous les comportements qui en découlent : injustice, jalousie, trahison, rejet…) La colère est une émotion liée à un évènement passé, et entraîne inévitablement de la souffrance.

Se connecter à l'instant présent, c'est se connecter à ce qui est, dans l'ici et le maintenant. Seul le véritable Amour émane du présent. Je sais aussi qu'à l'échelle du temps, chaque seconde passée est un instant présent infini, un présent qui ne cesse de se renouveler, une succession d'instants présents. Si nous sommes capables de présence et de conscience absolue, alors nous sommes capables d'entrevoir ce qu'est vraiment l'Amour inconditionnel, l'Amour infini.

Voilà ce que j'ai appris ces derniers jours… Tout ça, c'est tellement beau !

Chapitre 3

La douceur d'un lieu

Le 22 octobre

Délivrance… Je viens d'arriver à Pokhara, après 5 h de bus. Je suis très heureuse de retrouver la ville et ses bruits, le mouvement rassurant des passants.

Mohan est pressé, il souhaite m'amener jusqu'à l'hôtel, afin de poser mes affaires. J'imagine qu'il est impatient de repartir vers Katmandou pour retrouver sa femme et son petit commerce. Je ne peux faire autrement que de penser qu'il a hâte de passer le relais à un autre guide, me trouvant sans doute un peu trop pénible. Avant cela, il fait son job jusqu'au bout… Il souhaite que nous allions déjeuner face au lac : ce sera des momos pour ce midi. Je me prépare à vivre mes derniers échanges avec lui, je sais que ce temps est aussi précieux, au regard de tout ce que j'ai vécu et appris de moi durant ce trek dans les Annapurna. Mohan a participé à tout ça, et il ne le sait pas, mais je suis dans la reconnaissance à son égard.

Mon hôtel se situe en plein cœur du quartier touristique de Lakeside. Un endroit juste parfait pour retrouver la douceur de vie. Face au lac, mon esprit s'apaise, et je sens mon corps dans une énergie de lâcher prise.

Avant de repartir et faire la connaissance du « petit Bhim » comme dit Mohan, nous allons faire les magasins. J'offre à Mohan une tenue adéquate pour cheminer dans ces hautes montagnes. Je pense lui faire plaisir. Très pudiquement, il me remercie. Nous avons eu tous les deux la sensation de vivre un moment fort et authentique de notre vie. Le regard chaleureux, nous nous sommes dit au revoir, nous serrant fort dans les bras.

Je fais la connaissance de Bhim dans le hall de mon hôtel. Il sera mon guide jusqu'à mon retour à Katmandou, et ensemble nous allons faire la découverte de la ville de Pokhara (du Stupa à l'autre côté du lac), de la vieille ville, du musée sur l'Everest, puis nous partirons dans 3 jours à Lumbini, et enfin dans la jungle de Chitwan (région du Teraï). Un programme haut en couleur.

Je perçois déjà un homme chaleureux, un peu plus vif que Mohan (sans doute un peu plus jeune). Il maîtrise mieux la langue française, depuis 10 ans, il fait les saisons dans la région de Chamonix. Le reste du temps, Bhim vit avec sa femme dans un bidonville dans la périphérie de Pokhara. Il précise néanmoins que depuis quelques années, ils ont l'eau dans les bidonvilles !

Je sens chez lui, une personnalité généreuse et un haut potentiel de joie. Nous fixons notre programme pour demain. Mais cet après-midi : temps libre.

Je me réjouis de me retrouver seule à nouveau. Tout d'abord pour me laver, et laver à la main quelques vêtements. Je sais qu'ici il fait bon et chaud, et que mon linge va bien sécher. À nouveau, je prends le temps d'appeler Tom et les enfants. j'intègre cet état du moment, et médite.

Quelques heures plus tard, j'envisage d'aller moi-même à la rencontre des rues de Pokhara.

L'air doux de cette ville me redonne une certaine légèreté, une envie de profiter, de savourer. Ce que je fais en retournant sur la voie principale où se trouvent tous les commerces.

Je prends plaisir à errer, à observer les gens et leurs habitudes. Il y a toujours la fête ici, des jeunes filles et garçons dansent dans les rues. Les chansons népalaises vibrent dans mes oreilles. Je souris.

Ah oui, ce soir, j'entrave mon régime népalais et je me lance : sandwich aux crudités pour moi. Je croise les doigts et fais confiance à mes intestins !

De retour à l'hôtel, la nuit est tombée. La ville s'illumine. On pourrait se croire n'importe où. La nuit, j'ai la sensation que toutes les villes se ressemblent. Partout et nulle part à la fois, je me sens chez moi, c'est merveilleux.

Je suis claquée, mais c'est une très bonne fatigue que je tiens à honorer. Je me couche tôt, encore plus que d'habitude. Ressentir les draps sur mes jambes me procure un bien-être indéfinissable.

Nommer ce bien-être serait sans doute ne pas le vivre jusqu'au bout, et dans l'absolu. Je m'incline et m'endors.

Belle nuit…

Les beautés de Pokhara

Le 23 octobre

Ce matin, Bhim est venu me chercher à l'hôtel aux alentours de 7 h. Nous avons longé le lac Phewa et emprunté une de ces barques pour nous rendre de l'autre côté de la rive. À cette heure, il n'y a que très peu de touristes. Seuls les locaux partent vers le temple qui se trouve au milieu du lac, pour leurs traditionnelles offrandes matinales.

Il règne une ambiance douce et silencieuse. Le fond de l'air est encore doux et agréable. Une harmonie parfaite dans ce décor pastel.

Au programme, visite du Shanti Stupa en haut de la colline. Bhim me fait rire : ses mouvements sont lents, au point que notre ascension se déroule comme la visite d'un musée.

Forcée (force est) de ralentir le rythme, je découvre la nature autrement. La contemplation se fait en marchant, je trouve cela amusant tellement je n'ai pas l'habitude. Je réalise que mon regard est beaucoup plus perçant, plus curieux, plus magnétique. À ce rythme, tout devient plus profond, plus important, plus sacré. La moindre branche que je vois devient tout un univers. C'est comme voir au-delà du visible, aller à la rencontre et à l'essence des choses. La nature s'offre à moi et j'ai conscience de la chance que j'ai de vivre cela. Magnifique cadeau.

Bhim parle beaucoup, il « raconte ». Il évoque son Népal, sa vie, ses terres et son histoire. Son rythme et sa voix me bercent. J'ai l'impression d'explorer un monde nouveau, avec des yeux d'enfants. Je redécouvre tout, comme si mes yeux n'avaient jamais rien vu jusqu'à lors. C'est une sensation particulière que j'ai encore du mal à expliquer.

Je scrute. Et je m'éveille. Je trouve la vie belle, tout est merveilleux, tout est juste. Mes sens s'activent à chaque pas que je pose sur le sol verdoyant. Les parfums de cette forêt forment à eux seuls, un décor extrêmement précis. Je m'incline face à cette beauté, et remercie la terre de m'accueillir.

Après une bonne heure de marche, l'ascension se termine. D'ici, la vue est superbe. Les montagnes honorent leur reflet dans l'eau du lac. Illuminée par un doux soleil, Pokhara déploie ses ailes sous un voile blanchâtre à peine perceptible. La vie s'active. Autour de moi, de nombreuses fleurs jaunes et orangées aux parfums sucrés. Lorsque je me retourne, la blancheur immaculée du Stupa annonce l'énergie puissante du lieu.

Je poursuis la visite sur un rythme ralenti, et avec une présence absolue. De cet endroit, je ne décèle aucune imperfection. Le Stupa est le maître, les éléments le savent. Il est comme une œuvre d'Art. A c'est sa forme. Ancré, planté devant moi. A comme Amour. Sur sa pointe, les 13 étages qui mènent à la sagesse, au nirvana, à l'illumination.

Je trouve ce symbole incroyablement vrai. Je sais que certains philosophes qualifient l'amour et la conscience divine comme étant des synonymes, auxquels se rajoutent la foi, la faille, la lumière, la force, l'univers, l'amour, Dieu, la vacuité, la vérité, la vie.

Ces mots, ces vibrations sonores, ces fréquences proviennent de la même énergie spirituelle et originelle, source créatrice de notre existence humaine et de notre incarnation. Ils représentent notre essence dans toute son immensité.

Face à ce Stupa, je vois comme un A puis lorsque mon regard prend de la hauteur, je perçois alors l'ébauche d'un V ? Je ne peux que sourire en voyant ce symbole : Amour-Vie. Je m'arrête un instant tellement je perçois l'importance de ce que je comprends.

Bhim adore les photos. Il aime en prendre, mais je le surprends à se prendre en égoportrait… Il a ce regard enfantin que j'aime particulièrement chez lui. Cet œil vif et curieux. Alors quand je lui propose de le photographier, il rayonne et accepte avec beaucoup d'excitation et de joie dans la voix.

Il est également passionné par sa ville. Nous visitons successivement le monastère, le lac Phewa, la cascade de Devi. Puis, retour dans la ville embouteillée, avec son lot de poussière, pollution, bruits et mouvements.

Bhim a voulu me faire goûter son traditionnel Dal bath avec la Polenta qu'il mangeait dans son village lorsqu'il était enfant. Il connaît l'adresse d'un restaurant qui le cuisine merveilleusement bien. Nous nous y rendons avec beaucoup d'envie après cette matinée de marche remplie de découvertes et de partages.

Malgré les fils électriques pendus sur le balcon tout autour de nous et la circulation en contrebas, je sens qu'il est heureux et fier de m'amener ici. Gustativement, je découvre un bout de son histoire. Je suis enchantée par l'ambiance qui règne durant le déjeuner.

[…]

J'ai profité d'un retour à l'hôtel assez tôt dans l'après-midi, pour me reposer. Petite sieste en souvenir de Mohan…

[…]

Plus tard dans la soirée, je me suis assise à la terrasse d'un bar-resto, face au lac : le bamboo-bar. J'ai continué de vivre sur le même rythme que Bhim à savoir lent et contemplatif. Je flâne depuis plus d'une heure, un verre de cocktail devant moi. Les effluves de citron et d'orange embaument mes narines. Je me sens bien, je suis bien. Je suis.

Je me dis que ce voyage est un cadeau de la vie. Suivre son rythme et l'accueillir. Nous devrions tous connaître ça un jour.

Très jolie et douce soirée…

La fête des lumières

Le 24 octobre

Une journée haute en couleur. Les rues de Pokhara s'animent dès l'aube, les Népalais sont des gens festifs et heureux.

Le vieux « Pokhara » est l'objet de notre visite matinale. Avec ses maisons Newars, je me crois à Baktapur. Elles sont faites d'argile et de briques rouges. Elles datent essentiellement des années 60. Les fenêtres et les portes sont étroites et minutieusement sculptées. Une œuvre d'art à elles seules. Si dans beaucoup de villes, les maisons ont souffert du séisme de 2015, Pokhara a eu plus de chance.

L'ambiance des rues est agréable, il fait bon et beau, et la foule n'est pas encore au rendez-vous. Les commerçants sont fiers d'étaler sur les trottoirs les tissus, les fleurs (soucis), ainsi que la vaisselle traditionnelle en cuivre… Il y en a de partout, une joyeuse pagaille. De temps en temps, des poudres de toutes les couleurs complètent ce tableau multicolore. C'est magnifique ! Ces poudres servent à la décoration des trottoirs la nuit tombée, pour la fête des lumières qui a lieu ces jours-ci.

Puis, nous partons marcher au bord du lac Begnas, à quelques kilomètres du centre-ville. Un magnifique lieu, bien moins touristique que le Lakeside. Nous dégustons un merveilleux dal bath, dans une petite boutique qui ne paye pas de mine… Des saveurs comme jamais je n'ai goûté jusqu'à maintenant. Bhim est toujours souriant et de très bonne humeur, et il aime toujours autant les photos.

De retour à Pokhara, la circulation s'intensifie à nouveau. Chaleur, bruit, pollution… je commence à avoir l'habitude. Bhim est reparti chez lui après m'avoir déposé à l'hôtel. Je sais que lui aussi fait sa sieste l'après-midi. Il est tôt, pourtant je sens la fatigue m'envahir.

Je m'assoupis au moins 2 bonnes heures. Dans la rue, la fête bat son plein. La musique, assourdissante, fait vibrer les vitres. Je me prépare rapidement, je suis impatiente de découvrir cette ambiance. Vite, vite !

Comme à chaque fois que je sors et je rentre de l'hôtel, les propriétaires (un jeune couple avec un enfant de 10 ans environ) me sourient. Nous aurions envie de nous dire plein de choses, j'en suis certaine, mais je vois bien que mon anglais pose problème. Alors je marmonne quelques mots qu'ils comprennent néanmoins, mais notre regard en dit beaucoup plus.

En fin de soirée, la rue commerçante de Pokhara est bondée. Les vitrines s'animent. Je remarque que sur le sol, devant chaque porte des magasins, de magnifiques mandalas créés avec la poudre colorée du matin, tous plus beaux les uns que les autres. De véritables arcs-en-ciel jonchent le sol… Symbole de prospérité pour les commerces, les Népalais offrent aux Dieux, la beauté lumineuse de la terre. Je suis certaine que de là-haut, l'Univers est comblé par autant de couleurs, de vie, de bienveillance, de joie et de cœur. Je suis touchée, là encore. Il n'y a pas que les mandalas qui semblent parvenir jusqu'aux Dieux, mais aussi les fréquences vibratoires de la musique et des chants népalais. Dans cette ambiance, je ne serai pas étonnée que les Dieux dansent…

Les jeunes népalais aiment cette fête des lumières. Les traditions sont importantes pour eux, et leurs corps s'animent. Tous semblent s'amuser, profondément habités par les traditions hindoues. Je suis admirative de ce lien qui les unit, de cette joie partagée si fièrement déployée. La rue est leur plus beau terrain de jeu quotidien.

Je repense aux montagnes, à toutes ces scènes de vie à portée de tous. Je repense également à ce matin lorsque, de ma fenêtre de chambre, j'ai regardé une jeune femme se laver les cheveux dans la rue. Bidonville oblige, le fossé entre l'intérieur et l'extérieur est mince, au point que des familles entières se brossent les dents au beau milieu des passants.

Je me demande quelle définition pourrait avoir l'une de ces personnes, du « chez soi ». J'imagine, naïvement peut-être, qu'ils pourraient répondre par « ma maison c'est mon corps, je me sens partout chez moi ». À bas les frontières, les murs, les limites, les barrières et les fossés ! Eh oui, l'homme est partout chez lui, il vit sur la Terre. À lui de respecter cette œuvre sacrée.

Dans mon petit quotidien français, je ne soupçonnais pas l'existence de ces gens, de ces fêtes, de ces scènes de vie. Et pourtant, je vois bien le côté universel de notre incarnation : donner le meilleur de soi, toujours, en toutes circonstances, peu importe le décor culturel et notre histoire. Tout comme en France, je perçois l'énergie des personnes que je rencontre. Au-delà de l'Amour que j'ai pour eux, je me dis aussi que je me sens à ma place, je me sens chez moi. Est-ce cela transcender l'espace et le lieu ?

Il est presque 21 heures, et je m'endors au son des musiques traditionnelles népalaises (on dirait Bollywood). La fête des Lumières est une fête inscrite dans le calendrier lunaire. À chaque lune descendante, les Népalais sont en joie, et les festivités en témoignent. Pour eux, nous sommes en 2079. Une belle preuve qu'au-delà de transcender les lieux, la spiritualité nous offre aussi la possibilité de voyager à travers le temps.

Mes yeux se ferment. Je me prépare à vivre un autre état de conscience durant les prochaines heures, une autre réalité vivante : mes rêves. Je me les souhaite merveilleux !

L'époque népalaise… une temporalité déroutante

Le 25 octobre

Comme chaque matin, depuis mon arrivée à Pokhara, Bhim vient me chercher à l'hôtel. Il est toujours de bonne humeur… Aujourd'hui, le programme est soft : visite du musée sur l'Everest. Enfin, je dirai que c'est davantage un musée sur le Népal. Tout y est : les montagnes (on y parle aussi des Alpes, du Kilimandjaro…), les costumes traditionnels (nombreux), la faune, la flore, les équipements des alpinistes, le Yéti, les pierres, Katmandou… C'est comme si les hommes avaient apporté dans ce lieu toutes les reliques népalaises leur faisant penser de près ou de loin à ce merveilleux pays, en les entreposant dans un local. C'est drôle, car les Népalais sont fiers de leur musée.

Je trouve le rythme tranquille de Bhim approprié à la visite.

C'est en revenant à l'hôtel (toujours à l'heure de la sieste quotidienne), que je me plonge dans mes pensées. C'est étrange ici, le temps apparaît très différent. Je sais bien que voyager seule dans un lieu inconnu vient bousculer mon rythme classique, et j'avoue que j'aime particulièrement cette impression. Vivre seule est une expérience qui nous rapproche de nous-mêmes et des autres. J'aime ces temps d'introspection, j'aime me retrouver face à mes émotions, mes sensations, mes peurs, mes doutes, mes joies… J'aime réfléchir, m'évader et revenir… être libre. J'ai besoin, dans ma vie, de ces temps suspendus.

J'ai l'impression que nous n'avons jamais vécu comme au Népal. Les gens ici, n'ont pas 50 ans de retard avec la France ou l'occident. En réalité, leur temporalité ne rencontre absolument pas notre ligne du temps (celle que nous connaissons et qui fait référence pour nous). On y trouve des gens d'une gentillesse incroyable, dans un besoin de liens spontanés, dans un besoin de partage aussi malgré la misère qui s'impose à eux, de la pollution induite par un manque d'instruction et d'éducation, faute d'argent, une influence spirituelle comme unique filet contre le chaos, un gouvernement de corruption qui ferme les yeux sur le remplacement du Dahl bath par des chips au curry au petit-déjeuner pour les enfants des montagnes. On y trouve des gens qui mangent par terre, au pied de leur bidonville, sans couverts, des routes sans routes, des chèvres sur les motos, des fronts colorés… Et surtout, une époque qui également montre combien l'arrivée du portable (nouveau besoin de l'Homme), TikTok et autres fioritures vont venir heurter cette population dans son insouciance et sa naïveté.

Nous, Occidentaux, il semble que nous connaissons les risques majeurs de la mondialisation (le numérique peut en faire partie). Nous sommes les témoins de cette transformation progressive et inconfortable pour les plus conservateurs d'entre nous. Comment le Népal peut-il vivre cette transformation qui me semble d'une rapidité effroyable ?

Lorsque je vois Bhim sourire en essayant les costumes des différentes ethnies népalaises, je ne vois que sa pureté. Je crains que des milliers de gens, à l'image Bhim, soient bien en peine de se protéger de cette spirale diabolique. J'aimerais ressentir le contraire, mais il n'en est rien.

En couchant ces mots sur le papier, je me dis que la plus grande qualité de l'homme est son adaptation aux grands changements. C'est d'avoir trouvé, grâce à des ressources merveilleuses et singulières, le souffle créatif leur permettant d'avancer, et de donner du sens à ce mouvement. Faire confiance en la vie, c'est faire confiance en nos capacités d'adaptation. Ce n'est sans doute pas plus compliqué. Vivre le moment présent reste encore la plus belle clef pour préparer l'avenir.

Ce soir, je m'apprête à dormir une dernière fois dans ce lieu. Demain, nous partirons pour Lumbini. Une autre étape se termine. Et comme toujours avec cette idée, une légère nostalgie.

Belle et douce nuit.

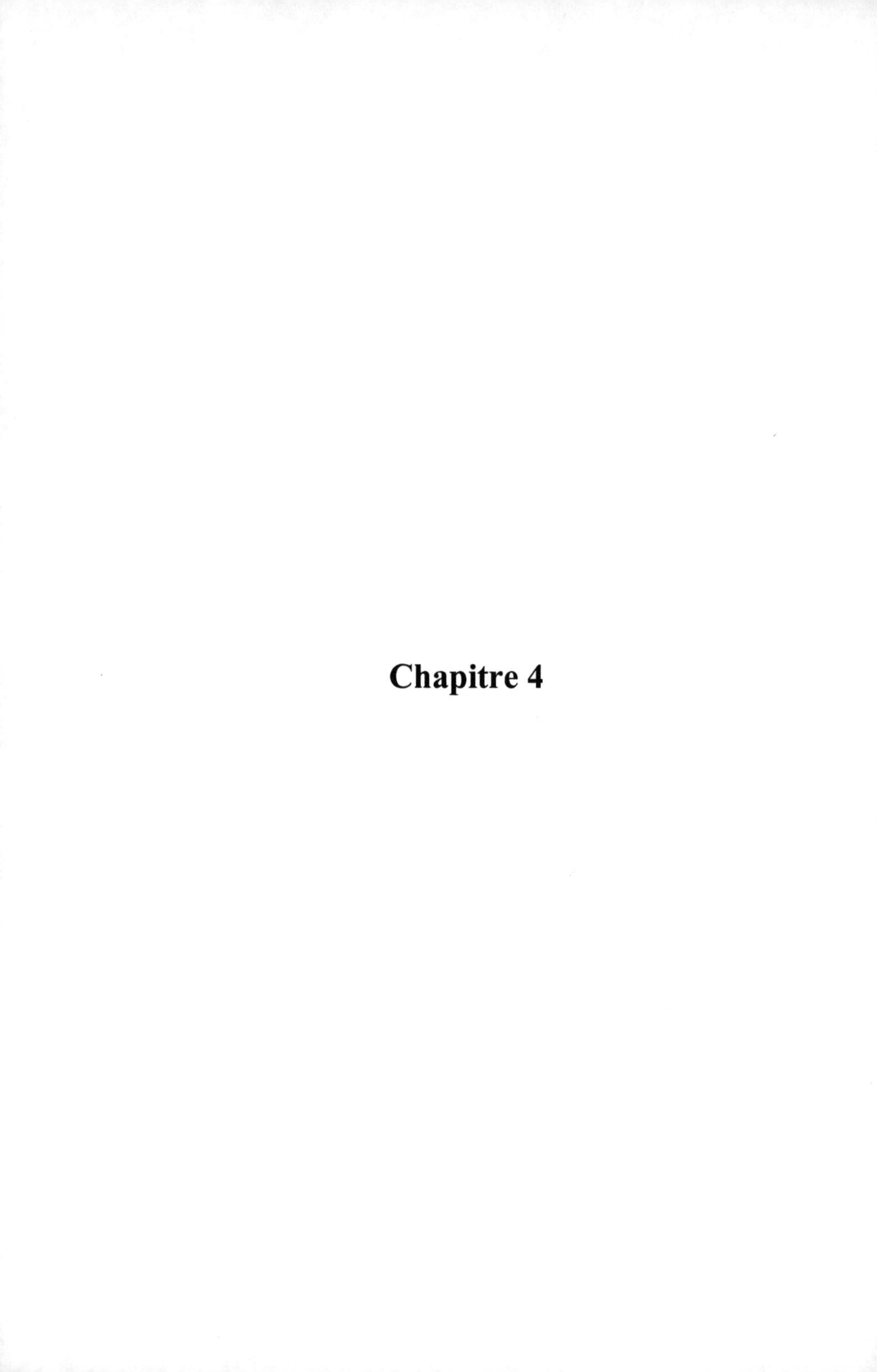

Chapitre 4

Lumbini…
la naissance de Bouddha

Le 26 octobre

Lumbini… 10 heures de bus dans un paysage différent. Les montagnes se sont effacées, pour laisser place à des terres infinies, faites de rizières et de champs. J'aime beaucoup ce panorama, tout comme la température de l'air d'ailleurs… C'est un peu comme les terres qui m'ont vu grandir, l'horizon se dessine par cette ligne parfaite, ce qui laisse au soleil couchant, la possibilité de rayonner jusqu'au dernier moment.

Tout autour de moi, je sens l'influence de l'Inde, proche d'ici. Il n'y a qu'à voir le visage des habitants, et les couleurs de leurs habits.

J'ai repris des forces à Pokhara, je me suis reposée, et mon corps s'est remis de son périple sportif. L'hôtel n'est pas génial, mais ce n'est qu'un détail. Dans ma chambre, de nombreux geckos sur les murs. Je les vois circuler, se cacher, se jeter sur chaque moustique qui rôde. Je les sens plus flipper par ma présence que l'inverse. Bien dodus, je me dis qu'il y a pas mal de choses à manger pour eux, ici. Je trouve cela rassurant et bien plus efficace et écologique qu'un antimoustiques.

Dès notre arrivée à Lumbini, nous prenons un tuc tuc pour arriver jusqu'à l'hôtel.

Je connaissais le tuc tuc Péruvien, mais j'avoue que le népalais n'est pas mal non plus.

Demain, je vais à la rencontre de Bouddha, de son histoire. C'est un endroit mythique pour moi, car je l'ai souvent vu en photos. Je sais qu'il existe une émotion particulière lorsque nous rentrons dans les images de nos rêves. Quand le paysage devient réel, c'est à ce moment-là qu'il nous imprègne (ça me fait ça à chaque fois). J'ai eu cette sensation au pied du Machu Picchu en 2017. C'est le genre de lieu qui laisse une empreinte corporelle et émotionnelle, indélébile…

Le marchand de sommeil arrive, et je n'hésite pas à embarquer pour ce voyage nocturne. Belle nuit.

La nature s'illumine…
le sacré apparaît

Le 27 octobre

C'est étrange, cette partie du Népal met en lumière une misère différente. Pour la première fois, de jeunes enfants accourent vers moi pour faire la mendicité. Cette pauvreté, je ne l'avais pas encore vue dans les autres régions. Ici, des familles entières logent dans des toiles de tente de fortune, à même le sol, pas de cuisine, pas de lit, rien. SDF. De nombreux enfants en haillons déchirés et sales jouent au milieu des détritus. À chaque passage de touristes, ils tentent leur chance : money, money, please... Sans eau ni électricité, ces gens-là survivent, c'est ainsi que leur incarnation prend forme. Néanmoins, il y a beaucoup de vie dans ces champs. Bhim m'explique que ces personnes viennent d'Inde pour tenter leur chance au Népal. Ils n'ont rien, pas de maisons, pas de papiers, pas d'argent, aucune attache si ce n'est une appartenance religieuse.

À quelques mètres d'ici, le grand site de Lumbini, ses temples, ses dorures, ses Stupas immaculés, ses jardins fleuris…

À l'image des grandes villes que j'illustre comme étant le centre, la misère pourrait représenter le seuil de sa porte. Ce centre est le noyau précieux, il est l'âme divine, le beau, la richesse intérieure. J'ai une image qui me vient, celle d'une misère qui tente de se réchauffer auprès d'une flamme rayonnante. Lumbini m'inspire cette image. Un trésor au milieu d'un certain chaos. Mais je sais que le chaos est porteur d'espoir, c'est cette fameuse faille d'où vient le souffle créatif. L'homme est capable de transformation, à la seule condition de trouver sa flamme (de la voir, de la sentir et de l'entendre).

Les allées de Lumbini sont quasiment désertes. Le site majestueux se réveille au son des oiseaux, des singes, des allées fleuries au doux parfum de jasmin, et de quelques Indiens habillés de blanc à la démarche assurée. L'air me semble pur ici.

Nous avançons presque solennellement vers le temple préfabriqué qui accueille, sous son toit, les traces du passé. C'est ici que la reine Maya devi a mis au monde son fils Siddhartha Gautama (dit Bouddha), en 624 av. J.-C.

Le trésor ? Un emplacement fait de terre, de roche et de cailloux, protégé par une plaque en verre. C'est ici précisément que Bouddha est né. Les gens se recueillent, et je sens déjà une énergie incroyable rayonner en ce lieu.

Je perçois que certains rayons proviennent de mon propre centre niché dans mon ventre. Je suis tellement heureuse d'être ici, qu'une sorte d'excitation se produit. Un frisson, des fourmillements me traversent. Je repense à l'autre Bhim lorsqu'il me disait qu'à l'inverse de la spiritualité hindouiste, le bouddhisme sait que la lumière est en chacun de nous. La conscience de Dieu circule dans nos cellules, elle nous plonge dans une dimension profonde et intime, immensément infinie et rayonnante. Je suis en train d'expérimenter ça dans mon corps, à l'instant où je regarde ce petit bout de terre. Le trésor est devant moi, il ne se cache pas, pas de fioriture, on le retrouve dans ce qui est le plus commun : un bout de cette nature.

Lorsque nous ressortons, les vibrations qui parcourent mon corps ne cessent pas. À la porte du temple de Bouddha, le soleil m'éblouit. Lorsque ma vue s'adapte enfin, je découvre le célèbre jardin sacré de

Lumbini. Une étendue verdoyante s'offre à moi. Quelques pas plus loin, un énorme bassin, devant lequel 5 Indiens sont en train de méditer. Pour une fois, l'eau est limpide, et je devine des centaines de poissons et de carpes s'agiter. Tandis que Bhim continue de se photographier, le sourire aux lèvres, mes yeux sont happés par cet arbre magnifique, au tronc immense. Je ne parviens pas à le quitter des yeux, et m'approche presque hypnotisée par cet élément de la nature que je découvre pour la première fois. C'est lui, l'arbre de Bouddha, celui que j'ai vu partout, dans tous les bouquins sur le Népal.

L'arbre de vie. Droit, imposant, puissant, charismatique, magnétique.

Le tronc creusé accueille des dizaines d'écureuils picorant les offrandes du jour. Des tissus colorés et satinés en font une décoration vivante, et s'animent grâce à ce petit vent frais et léger du matin. Des fleurs offertes par les Sadhous embaument le lieu et se mélangent aux parfums d'encens déposés sur les racines. Le cœur de l'arbre est vivant. J'ai devant moi le symbole parfait d'une spiritualité incarnée.

« Je comprends »

Le sacré se trouve dans cet arbre et sous ce temple. Le sacré se trouve dans cette eau qui dort, réveillée par la danse des poissons. Le sacré se trouve dans ce soleil, ces fleurs, ces oiseaux qui chantent, dans le sourire de Bhim et dans ses photos. Le sacré se trouve aussi dans cette ligne colorée faite de Sadhous qui attendent l'offrande, assis en position lotus près de l'arbre. Le sacré se trouve dans les rencontres, les vibrations sonores, la musique, la danse, le blanc, le rouge, le jaune, le bleu, le vert… Le sacré est partout, et nous, nous passons notre vie à le chercher. Il est là, en nous et devant nous, chaque seconde. Il est là.

C'est comme si je retrouvais la vue. Je fais rapidement le lien entre les symboles de toutes nos religions : Jésus fait retrouver la vue à un aveugle, sainte Odile et son huile sainte lui font retrouver la vue, les cyclopes, l'illumination par la sagesse, voir au-delà du visible, l'œil de Shiva…

Chaque religion est une porte d'entrée pour chacun de nous, une possibilité de voir les couleurs, de comprendre que la vie ne se résume pas à notre incarnation. Elle est bien plus immense et infinie que cela. Ces symboles sont partout, tout le temps, dans notre quotidien. Le Divin ne se cache pas. À nous de l'accueillir comme étant la source.

Le reste de la visite est à l'image de cette expérience.

De la beauté dans tout…

Lorsque je rentre à l'hôtel, la misère est toujours là, elle n'a pas bougé. Mais ma perception n'est plus la même. J'aime ce monde tellement il est vivant, tellement la beauté est présente. C'est comme si le noyau dont je parlais ce matin s'était transformé, au point de connaître une expansion, colorant ainsi cette misère de sacré et de lumière. (À l'heure où j'écris, je pense symboliquement aux effets de la méditation sur notre corps à travers ce que l'on nomme : l'expansion)

[…]

Mon voyage se termine dans quelques jours maintenant. Qu'ai-je appris de moi ? TOUT. Plus que jamais, je sais que notre corps est sacré, et qu'il nous faut retrouver notre lumière intérieure, la foi pour comprendre notre existence et transcender la vie dans toutes ces dimensions.

Je n'ai pas de mots pour décrire cette journée merveilleuse et inoubliable.

Chapitre 5

En route vers la jungle !

Le 28 octobre

Le bus d'aujourd'hui nous amène vers Chitwan. Une énième poignée d'heures passées dans la foule et la poussière à circuler sur les routes chaotiques du Teraï, au son de la musique népalaise. J'ai de la chance, je suis assise. Certains ne peuvent pas en dire autant (ce qui ne les empêche pas d'afficher de radieux sourires). Je savoure ce moment en me disant que d'ici 4 jours, déjà, je fermerai les portes de ce voyage intense.

Je balaie cette légère nostalgie, l'instant présent est bien plus important.

Je souris quand je vois la fine pellicule de poussière qui s'est déposée sur mon pantalon et sur mes lunettes de soleil. Je pense à mon sac, dans le coffre du bus, près des roues arrière et du pot d'échappement. Mes habits vont désormais sentir l'essence… Hum… top ! Il ne manquait plus que ça.

En effet, le bus s'arrête en plein milieu d'un carrefour, au trafic dense. Bhim décide de descendre à cet endroit. Soudain, tout s'accélère. Il me faut sortir rapidement en chevauchant les personnes qui se trouvent dans le couloir central, récupérer mon sac, alors que je ne vois même plus à un mètre devant moi…

L'un des types du bus ouvre le coffre cabossé, me jette le sac dans les bras comme un sac à patates. Lorsque je le réceptionne, la poussière se propage dans ma gorge, jusque dans mes poumons… Encore une sacrée expédition dans ce bus !

Sans même que je n'ai eu le temps de reprendre mes esprits, Bhim m'entraîne dans un tuc tuc, direction la réserve de Sauhara. Je suis entièrement recouverte de poussière ! Mais je commence à m'habituer à toutes ces choses simples…

Une fois installée à l'arrière du véhicule, je souris lorsque je vois que le chauffeur est bien plus large que sa machine… Il roule à vive allure, entre les camions, les taxis et autres motos. Si la liberté pouvait se définir en une seule image, je choisirais celle-ci.

Quelques kilomètres plus tard, le chauffeur du tuc tuc nous dépose au pied de notre hôtel : Le sauhara' adventure (très touristique). Je sais que cet hôtel est l'un des plus « luxueux » de tout ce que j'ai pu connaître jusqu'à maintenant (je le sais, car j'ai triché. Je suis allée voir sur internet, il y a quelques jours…).

Bhim et moi sommes heureux d'être enfin arrivés. Deux hommes nous attendent à la réception. L'un se présente comme le propriétaire de l'hôtel, l'autre, le guide de la réserve. Même si j'étais impatiente d'aller me doucher, j'ai tout de même pris le temps d'écouter toutes les indications. Rendez-vous dans une heure, au plus tard, pour la visite de la réserve, à la rencontre des animaux sauvages.

Le temps d'une douche agréablement chaude, je saute dans les habits les plus propres de ma garde-robe. Je sens à nouveau une belle excitation dans ma poitrine. Je lave quelques vêtements et aère mon sac, et m'en vais rapidement retrouver Bhim : direction la réserve et ses animaux sauvages.

Le soleil se couche sur les terres de Chitwan. C'est magnifique. Éléphants, rhinocéros, sangliers, oiseaux, crocodiles. Le dépaysement est total. Là encore, la nature est sacrée.

Ce soir, Bhim m'accompagne à un spectacle de danse sur le thème de « la danse du bâton » : une ambiance festive et colorée, où de jeunes Népalais s'amusent à donner du rythme à la musique, en tapant sur des bâtons. Je crois que ce spectacle est fait pour les touristes, mais les Népalais en sont également très friands.

Bhim continue de nous photographier, il semble heureux d'être ici. J'aime être à ces côtés, à partager sa bonne humeur.

La nuit s'annonce animée dans les rues de Sauhara. L'ambiance est estivale… J'ai hâte de vivre la journée de demain : safari et pirogue…

En attendant, je me souhaite de beaux rêves…

Bouquet final

Le 29 octobre

Réveil au son de la musique et des voix népalaises, qui je pense, n'ont pas cessé de toute la nuit. Pourtant, j'ai l'impression d'avoir super bien dormi.

Pour Bhim, il semble que ce soit différent… Lorsque je le vois arriver au petit-déjeuner ce matin, je remarque qu'il fait une tête bizarre. Ce n'est pas dans ses habitudes… En effet, il m'explique avoir mangé trop épicé la veille, et son ventre le fait souffrir. Il m'explique qu'il ne participera pas avec moi cet après-midi au safari. Il souhaite néanmoins m'accompagner pour la visite en pirogue ce matin.

Après avoir retrouvé l'autre guide local, dont je ne connais pas le nom, nous sommes partis tous les trois en direction du parc. Je suis comme une enfant impatiente de découvrir ses cadeaux au pied du sapin… ! J'ai hâte de vivre cette journée.

Nous embarquons à bord d'une pirogue en compagnie d'une dizaine de touristes. Les eaux troubles de la rivière ne m'inspirent pas vraiment confiance. Je vois la coque en bois s'abaisser sérieusement à

chaque kilo supplémentaire. Il n'en faut pas plus pour que l'eau nous submerge. Les crocodiles en seraient ravis. Il y en a de partout, c'est incroyable. Nous ne discernons même pas le fond de l'eau tellement nous évoluons dans une rivière boueuse.

Sur les berges alentour, de splendides oiseaux de toutes les couleurs, des singes, des éléphants. Le calme et le silence règnent.

Dans cet environnement presque hypnotique, chacun contemple ces tableaux vivants. Une fois de l'autre côté de la rive, nous poursuivons notre marche vers la forêt, sur les traces des empreintes laissées par les animaux cette nuit : là encore l'omniprésence des éléphants, rhinocéros, sans oublier le célèbre tigre du Bengale. Quelle ambiance ! Le chant des oiseaux résonne dans la cime des arbres aux feuilles énormes et verdoyantes. Vivre cet instant au moins une fois dans sa vie est une chance considérable. Je le sais parfaitement.

À notre retour en fin de matinée, Bhim part se reposer dans sa chambre. De mon côté, je décide de poursuivre ma découverte dans les rues touristiques de Sauhara. Je profite pour faire quelques achats pour ma petite famille, que j'ai tout de même hâte de retrouver dans trois jours. Je sais que le retour sera très particulier. Je sens monter en moi un mélange d'émotions assez inconfortables. Pour le moment, je préfère ne pas m'y confronter.

Je déjeune seule cette fois-ci, Bhim ne m'a pas rejoint. Puis, je me prépare pour la suite de la journée. Le guide local m'explique que lui non plus ne viendra pas avec moi cet après-midi. Il me confie à un autre guide spécialisé « safari ». Une fois sur place, je fais la connaissance d'un jeune Allemand venu seul à la découverte du Népal. Nous décidons d'attendre ensemble le reste du groupe.

Soudain, mes oreilles se fixent sur une voix française, une voix d'enfant. C'est rare les enfants français à cet endroit. Je n'en ai pas croisé depuis mon arrivée. Je découvre alors qu'il est en compagnie de ses deux parents et sa grande sœur. Je m'avance vers eux, et entame la conversation. Ce couple « tour du monde » est arrivé la semaine dernière au Népal. Ce sont des Lorrains qui ont choisi de vivre une année en road trip, en famille. D'abord la Grèce, puis la Tunisie, puis le Népal, et la semaine prochaine, la Thaïlande, le Japon, l'Australie, l'Amérique du Sud... Je suis tellement fascinée par ce genre d'expérience. Quelle magie !

De leur côté, ils me témoignent leur admiration quant à mon voyage en solitaire. L'homme me confie néanmoins qu'il n'aurait jamais accepté de laisser partir sa compagne seule...

Chacun sa magie !

Nous embarquons à nouveau dans une pirogue pour traverser la rivière Rapti (une rivière qui va jusqu'en Inde). Avant de mettre le pied dans le bateau, je vois qu'un serpent se faufile entre les cailloux et la coque en bois de la pirogue. La vie ici est vraiment différente. Waouh...

Notre jeep nous attend : c'est parti pour 3 h de Safari, en plein cœur de la jungle népalaise. Je baigne dans une ambiance où l'humidité et la chaleur l'emportent, au son des oiseaux et des singes. Les parfums d'humus s'emparent de mes deux narines.

Nous nous arrêtons plusieurs fois pour contempler les animaux qui se meuvent dans leur habitat : rhinocéros, singe, python, varan, daim, biche... Seul le tigre nous fait faux bond !

Au bout de plusieurs heures, la jeep nous dépose à nouveau au bord de la rivière. Nous reprenons notre embarcation de fortune, le soleil se couche. Je garde en mémoire le reflet magnifique des rayons couchants dans l'eau de la rivière, les rires des enfants, la curiosité des adultes.

À mon arrivée, je rentre seule à l'hôtel, pensant y retrouver Bhim. Mais il n'est pas là. (Nous avons dû nous croiser lors de mon arrivée en pirogue.) Je lui laisse un message, et l'attends au restaurant de l'hôtel.

Une bonne heure plus tard, il arrive avec un visage plus reposé. Durant tout le repas, je lui raconte ma journée, les animaux, mes rencontres. Il sourit et paraît intéressé par mon récit. Il me dit qu'il viendra avec sa femme cet hiver, afin de lui faire découvrir cet endroit du Népal, qu'elle ne connaît pas encore. Il a envie de la faire voyager, de l'amener avec lui partout, même en France, lorsqu'il repartira pour la saison d'hiver.

Son rêve est de s'installer dans la région de Chamonix définitivement. Selon lui, le Népal n'offre pas assez de confort et de sécurité dans le quotidien : il veut offrir à sa femme une vie douce et chaleureuse. Je suis certaine que Bhim parviendra à réaliser son rêve. Il aime les gens : voici toute sa force !

Demain, nous prendrons le bus en direction de Katmandou. Je m'attends à passer environ une dizaine d'heures dans cet engin. Je sais que c'est la dernière fois que je vais emprunter un de ces bus du Népal. Là encore, je ressens une certaine nostalgie m'envahir. Et oui, mon départ approche, et c'est bête, mais je me sens triste.

C'est avec cette émotion-là que je décide de fermer les yeux… Belle nuit.

Chapitre 6

Rencontres familières

Le 30 octobre

Me voici de retour à Katmandou, sans surprise, après de nombreuses heures de bus.

Lorsque je me connecte au « Moi » profond, je suis en train de vivre des émotions tellement puissantes.

Bhim m'annonce qu'il viendra me chercher après-demain pour m'amener à l'aéroport. D'ici là, il me souhaite de bien profiter de ces dernières heures népalaises.

J'ai beaucoup de joie à retrouver cet hôtel, et particulièrement les gens qui travaillent ici. Je les aime profondément. Ils ont été mes premiers grands repères dès le début du séjour. Une seconde famille en quelque sorte. C'est presque comme revenir chez soi. Très attentionnés, ils ont souhaité me redonner la même chambre. Ainsi, lorsque je monte les 4 étages, j'ai l'impression de faire un pèlerinage… Je retrouve l'odeur des tissus, de l'encens, les couleurs, l'ambiance. Tout y est.

La nostalgie du départ ne me quitte plus. Quelle expérience ! Je lui reconnais véritablement son empreinte sacrée, pour tellement de raisons. Je me rends compte qu'il m'est encore très difficile de mettre des mots sur ce que j'ai appris ici de moi : l'absolu ne se définit pas, il se vit.

Je sais que je viens de faire un pas vers moi, je ne connais pas le fruit de cette rencontre, mais je sens déjà la transformation. Ma force rayonne, aussi douce et réconfortante que le soleil qui se lève chaque matin. Malgré les galères, je crois avoir toujours su que je pouvais me faire confiance. J'aime l'être que je suis, avec toutes ses imperfections. J'aime sentir le flux de la conscience dans mon corps, le même qui me permet d'aller vers, d'accueillir, d'admirer, d'écouter, de ressentir… de rencontrer.

Amour, conscience, présence : 3 mots qui me semblent aujourd'hui essentiels. Qu'est-ce que ça change pour moi, dans ma vie ? Je crois que ça change ma façon d'aborder le monde, tout simplement.

Ce soir, je savoure encore plus mon dîner. J'ai le privilège de retrouver dans la salle à manger des scènes que je connais : les propriétaires de l'hôtel sont des gens charmants et touchants par leur authenticité. Trois générations au service de ce lieu, au service de la rencontre, de la convivialité. Ça sent tellement bon le bonheur et l'Amour !

Je retrouve aussi ce jeune serveur qui m'avait proposé d'aller boire un verre après son service en début de séjour. Il est content de me retrouver. Moi aussi. Nous parvenons à nous comprendre avec le peu de mots d'anglais que je possède. Je lui raconte mes péripéties, lui qui ne connaît pas les Annapurna. Il s'appelle Jenish, il a 28 ans, il en fait 10 de moins. Il aimerait que je lui montre les photos du trek. Je lui réponds OK, Tomorrow ? Yes OK.

La journée fut longue. Demain, sera consacré aux « achats » souvenirs. Des bols chantants, tingsha, cartes postales népalaises, étoles, mandalas… Je sens déjà naître l'envie de céder à ma compulsion d'achats. « No limit » pour moi demain… Je veux ramener un bout du Népal avec moi, en France.

Bonne avant-dernière soirée.

Les nuits folles au soleil de Katmandou

Le 31 octobre

Quelle nuit merveilleuse ! Pour la première fois, je paresse dans mon lit, les yeux grands ouverts. Dans un rythme doux rempli d'Amour et de joie, je débute ma méditation. J'ai bien l'intention de profiter pleinement de cette merveilleuse et dernière grande journée. Le soleil est présent, il ne pouvait en être autrement.

Je descends lentement chacune des marches, afin de profiter pleinement de chaque mouvement, honorant alors l'instant présent. Dans la salle du petit-déjeuner, je retrouve les mêmes gens, avec les mêmes sourires bienveillants. « Bonjour, ça va, merci » ! me dit l'un des serveurs. Il me le répète chaque fois qu'il me voit, et cela depuis qu'il sait que je suis française. Prévisible, mais tellement gentil. Puis vient à moi la grand-mère qui m'adresse son traditionnel Namaste, puis sa fille, puis la serveuse, et enfin Jenish. Quelques mots en anglais, et le voilà reparti vers d'autres clients. Je prends mon temps ce matin, je sais que mon agenda le permet (hi hi).

Je remonte dans ma chambre vers 9 h 30 pour me préparer à dévaliser les boutiques népalaises. Soudain, le téléphone sur ma table de nuit se met à sonner. Je sais que c'est Jenish. Prévisible, lui aussi, et tout aussi gentil. Il me propose de monter sur la terrasse, il a environ 30 minutes devant lui, avant d'entamer son deuxième travail, à l'autre bout de la ville. Il travaille en tant que gérant dans une cafétéria d'un collège.

J'accepte, après tout, rien ne presse. Je suis la première à arriver sur la terrasse fleurie et ensoleillée du matin. Ces quelques minutes me rappellent combien le temps m'est compté. La « Nostalgie » réapparaît dans ma poitrine. Mon regard photographie chaque chose qui m'entoure, chaque fleur, chaque instant. J'immortalise, je retiens tout ce qui pourrait s'échapper.

Jenish arrive. Je ne sais pas s'il se rend compte de cette légère tristesse qui me gagne. Lui est enthousiasmé de voir ces photos. Il semble détailler chaque recoin de chaque image. Ça risque de prendre longtemps, j'ai pris 3000 photos. Nous avons choisi la facilité : Google translate.

Cet outil est vraiment incroyable. Nous parlons, parlons, parlons. C'est étrange, j'ai l'impression que nous avons tellement de choses à nous dire, à partager. Mais les minutes passent vite, et il doit déjà repartir. Il me propose de continuer ce soir après son service. J'avoue ne pas avoir hésité une seule seconde. J'ai bien sûr accepté. OK pour aller boire un verre ce soir. Il est content, et je le suis aussi.

Je reste quelques minutes encore sur cette terrasse, à profiter des rayons du soleil. Je fais le plein d'énergie avant de retrouver ma vie, ma routine, ma famille, mon homme et mes enfants…

Je retrouve alors ce dynamisme pour dévaliser les boutiques. J'ai l'impression que les rues de ce quartier me sont désormais familières. C'est bizarre cette sensation d'être à ce point à sa place. Je me laisse emporter par cette liberté, celle de croire que je ne suis plus tout à fait étrangère à ce lieu.

Je vais au gré du vent, au grès des rencontres. Je rentre dans des boutiques qui ne ressemblent en rien à nos magasins. J'en ressors avec des bols chantants, des toiles en coton sur lesquelles de magnifiques mandalas sont dessinés. J'écoute les marchands de bonheur qui se font appeler des « artistes » lorsqu'ils me témoignent leur Amour pour la

France. Ils ne prononcent que quelques mots basiques dans ma langue maternelle, mais je me laisse volontairement séduire par ces mots. Je retrouve ma légèreté, mon insouciance, ma naïveté peut-être. J'ai envie de penser que le monde est bon, accueillant et bienveillant.

Dans les rues de Thamel, je respire sans ce fichu masque. J'inspire à pleins poumons toutes les odeurs, celles qui au début me dérangeaient. J'ai envie de faire une overdose de ce que je vis maintenant. Je ne prends plus de photos, j'enregistre dans ma tête. Je retrouve ma curiosité boulimique des grandes découvertes, et je frissonne à l'idée de m'écarter de cette sensation physique intense.

J'aime cette rue, ces gens que je croise, ces chiens, la température de l'air sur mon visage. Quelle gratitude ! Merci, merci, merci mon Dieu.

Je rentre à l'hôtel, les bras chargés, et le cœur lourd. La « to do list » népalaise s'amincit sérieusement. Je vis les derniers moments de magie, à la fois heureuse et tellement triste. Je ne parviens pas à faire mon sac, je verrai demain. Je vais plutôt méditer, écrire, contempler le temps qui défile sous mes yeux.

Je parviens à rompre ma mélancolie, en pensant qu'il me reste encore une belle soirée à vivre. Je me booste, et me prépare. Je fais le bilan de ce que je peux porter demain à l'aéroport (vêtements que j'ai pris soin de laver à la main), et je me dis que ce soir, je risque d'enfiler des habits moyennement propres. OK, tant pis. « Viens comme tu es Carole… »

À l'heure du dîner, je descends à nouveau dans une lenteur que Bhim pourrait comprendre. Rituel oblige, je reprends la même place dans la salle à manger. Ce soir, je ne veux pas lire. Je veux être là, tout capter dans la profondeur, être présente à tous ces mouvements, tous ces sourires, aux gens qui m'entourent. Ce repas a une saveur toute particulière, je laisse infuser chaque aliment dans ma bouche, comme pour prolonger l'instant.

Il est plus tard que d'habitude lorsque je remonte dans ma chambre. Jenish termine son service à 23 h. Je ne sais pas si je vais pouvoir l'attendre sans m'endormir. J'en profite pour faire le tri dans mon sac, pour déjà entasser toutes mes affaires au milieu des bols et autres cadeaux destinés à ma famille. J'anticipe physiquement mon départ.

Le téléphone retentit, le « go » est lancé. J'enfile ma veste, et me voici en bas, avec lui. Il fait nuit, et je me prépare à vivre au rythme de la jeunesse népalaise. Jenish connaît tous les recoins de Katmandou. Je me laisse guider avec confiance. Il me fait découvrir les bonnes adresses, des bars et boîtes de nuit où ont lieu des concerts. Enfin de la bonne musique anglaise ! C'est fantastique !

Les places sont toutes occupées. Je ne vois aucun touriste dans les rues, seuls des jeunes locaux fêtant Halloween. J'adore cette ambiance nocturne toute particulière. Il y a foule, et je tente de ne pas perdre de vue mon guide de ce soir.

Au regard de la foule, nous décidons de quitter cet endroit. Nous trouvons rapidement un autre lieu bien plus calme. Les serveurs sont chics, et heureux de nous accueillir. Après avoir commandé une bière locale, nous poursuivons notre conversation de ce matin, via Google translate. Il me raconte sa vie, ses parents, sa fratrie, son travail. Il m'explique que son père est très vieux, et que par conséquent, il se doit de travailler pour subvenir aux besoins de toute la famille. Jenish a deux sœurs, en âge d'étudier. Il a également un frère, « handicapé ». Lui ne pourra jamais travailler pour subvenir à ses besoins. Je comprends que l'avenir de la famille repose entièrement sur ses épaules. Et pour cela, il faut travailler, jour et nuit. Au Népal, très peu de gens ont droit aux vacances. Le samedi correspond à notre dimanche. Mais pour lui, dans la restauration, le samedi ressemble à tous les autres jours de la semaine.

Son récit me retient dans un silence absolu. Jenish ne se plaint pas, au contraire il est heureux d'avoir un travail. Il a dû arrêter ses études à l'âge de 16 ans. Son rêve serait de les reprendre pour gagner plus d'argent, pour s'acheter sa propre maison, pour se marier avec une femme merveilleuse. Mais sa dernière petite amie l'a quitté, car, dit-il, il n'avait pas assez d'argent pour faire son bonheur.

Je partage sa peine. Au fond, nous cherchons tous à réussir notre vie. Nos repères sont différents, certes, mais nous luttons tous contre cette forme de solitude et cette inertie qui nous connecte au néant. Nous tentons de nous rapprocher au maximum de ce feu passionnel et vibrant qui nous anime intérieurement, à travers le rêve, l'ambition, la liberté... Jenish me demande de lui parler de moi, de mes enfants, de mon travail. Je ne sais pas vraiment par quoi commencer, il y a tant de choses à dire. Je sens dans ces yeux que ce qu'il cherche à travers mon récit, c'est le rêve d'un ailleurs, un espoir dans un monde nouveau, un filet, une bouffée d'air, un élan fondé sur d'autres repères que les siens. Il semble envier ma profonde liberté. Il a raison.

Son sourire est rayonnant, son aura me traverse. Je suis touchée par son histoire, par sa dignité et sa pudeur. Une puissante rencontre à quelques heures de mon départ.

Nous n'avons pas vu le temps passer. Il est presque 2 h du matin. Nous décidons de repartir vers l'hôtel. Une ambiance amicale règne, malgré le silence qui s'impose.

Alors que nous passons le seuil de la porte, je le laisse à sa destinée. Jenish va terminer sa nuit sur le canapé de l'hôtel, près de son collègue qui s'est endormi depuis longtemps.

Bonne nuit Jenish. Fais de beaux rêves...

Le départ…

Le 1er novembre

La nuit fut courte. Le sommeil n'est pas venu. Des millions de pensées se sont bousculées dans mon esprit. La vie nocturne népalaise est un cadeau. Je repense à Jenish, à sa vie de sacrifices, où les croyances et les principes sont comme les barreaux de sa prison. Quelle vie, je ne peux imaginer la même me concernant. Je perçois chez lui, tout comme dans toutes mes rencontres, une résignation à vivre pour l'autre, au service… Suis-je égoïste à penser que nous devons d'abord penser à nous-mêmes pour que le bonheur puisse rayonner autour de nous et créer ce lien à l'autre ?

Mon corps ne parvient pas à se lever. Ce n'est qu'une question d'heures… Quelle joie de retrouver ma famille, mais toujours cette émotion déroutante de la fin qui approche !

Au petit-déjeuner, je retrouve Jenish et le personnel de l'hôtel. « Bonjour, ça va, merci », « Namaste »… Dernier petit-déjeuner. Check.

En fin de matinée, je vais prendre l'air. J'erre dans les rues de Katmandou, qui me paraissent plus calmes aujourd'hui. Je n'ai pas très faim, mais je me dis que je profiterai bien d'un goûter dans l'une de ces fausses boulangeries, au coin de la rue. Besoin de réconfort en savourant mon dernier cappuccino népalais.

Je retrace dans ma tête les souvenirs de mes galères, mes découvertes, mes expériences dans les lodges et dans les bus, les lieux que j'ai arpentés et mes nombreuses rencontres. L'intensité de ces moments hors du commun fait désormais partie du sacré…

Je rentre à l'hôtel, les yeux rougis et débordants de larmes. J'ai vécu cette sensation lorsque j'ai quitté le Pérou en 2017. Je connais. Le voyage fait partie de moi, je ne peux imaginer une vie différente.

Je termine les derniers préparatifs. Je reprends dans ma poche mon passeport, et mon billet d'avion. J'ai conscience que j'emporte avec moi ce nouveau souffle, la connaissance qui me manquait, mais que je ne parviens pas encore à définir complètement sa teneur, son parfum et sa densité. Alors que je boucle mon sac, Jenish m'appelle à nouveau. Il souhaite me dire au revoir. Je monte sur la terrasse cette fois-ci obscurcie par la nuit précoce. Il me rejoint à son tour. Je le remercie d'être ce qu'il est, une personne authentique qui m'a permis une autre lecture de ma condition de femme occidentale. Je lui souhaite de réaliser tous ces rêves, parce qu'au fond, c'est ça l'essentiel : reprendre ses études, s'offrir la plus belle des maisons népalaises, rendre sa famille heureuse… Cette rencontre est unique : *om mani padme hum…*

Jenish m'offre ces petits drapeaux népalais sur lesquels ce mantra est inscrit, et nous nous serrons forts dans les bras… Il insiste pour porter mon sac pour descendre les 5 étages de l'hôtel. Bhim ne devrait pas tarder pour m'amener à l'aéroport.

La grand-mère de l'hôtel me serre fort dans ces bras, me témoignant sa grande sympathie, elle me fait passer une étole autour du cou en guise d'au revoir. L'émotion est grande, elle sourit, je pleure. Sa fille également me serre fort dans ses bras. Elle me souhaite bonne chance pour la suite de mon chemin, et espère que je reviendrai lui rendre visite un jour. Les autres serveurs me regardent. Petit selfie avec « Bonjour, ça va merci… ».

Bhim arrive. Il semble avoir ressenti l'ambiance pesante de ces adieux, mais aussi l'amour qui s'en dégage. J'adresse un dernier regard à ce lieu sacré qui m'a accueilli il y a un mois.

Ici, j'ai beaucoup appris sur le véritable Amour, notamment en dévorant le livre de mon amie Lucie : « Amour inconditionnel ». Je suis venue expérimenter cet Amour-là au cœur de ces terres népalaises.

Jenish tient à porter mon sac jusqu'au coffre du taxi. Son regard me percute. Il semble triste. Bhim me tient la porte arrière de la voiture, je monte sans pouvoir dire un mot.

Le Népal est, pour moi, définitivement, une « Sacrée aventure ».

Les adieux avec Bhim sont tout aussi douloureux. Lui aussi me fait passer autour de la nuque une étole blanche. Il a la voix qui tremble, j'ai les yeux qui pleurent.

[…]

J'attends désormais mon avion. Je me prépare à vivre l'émotion intense de mes retrouvailles avec ma famille. Mon cœur s'en réjouit.

Merci, merci la vie.

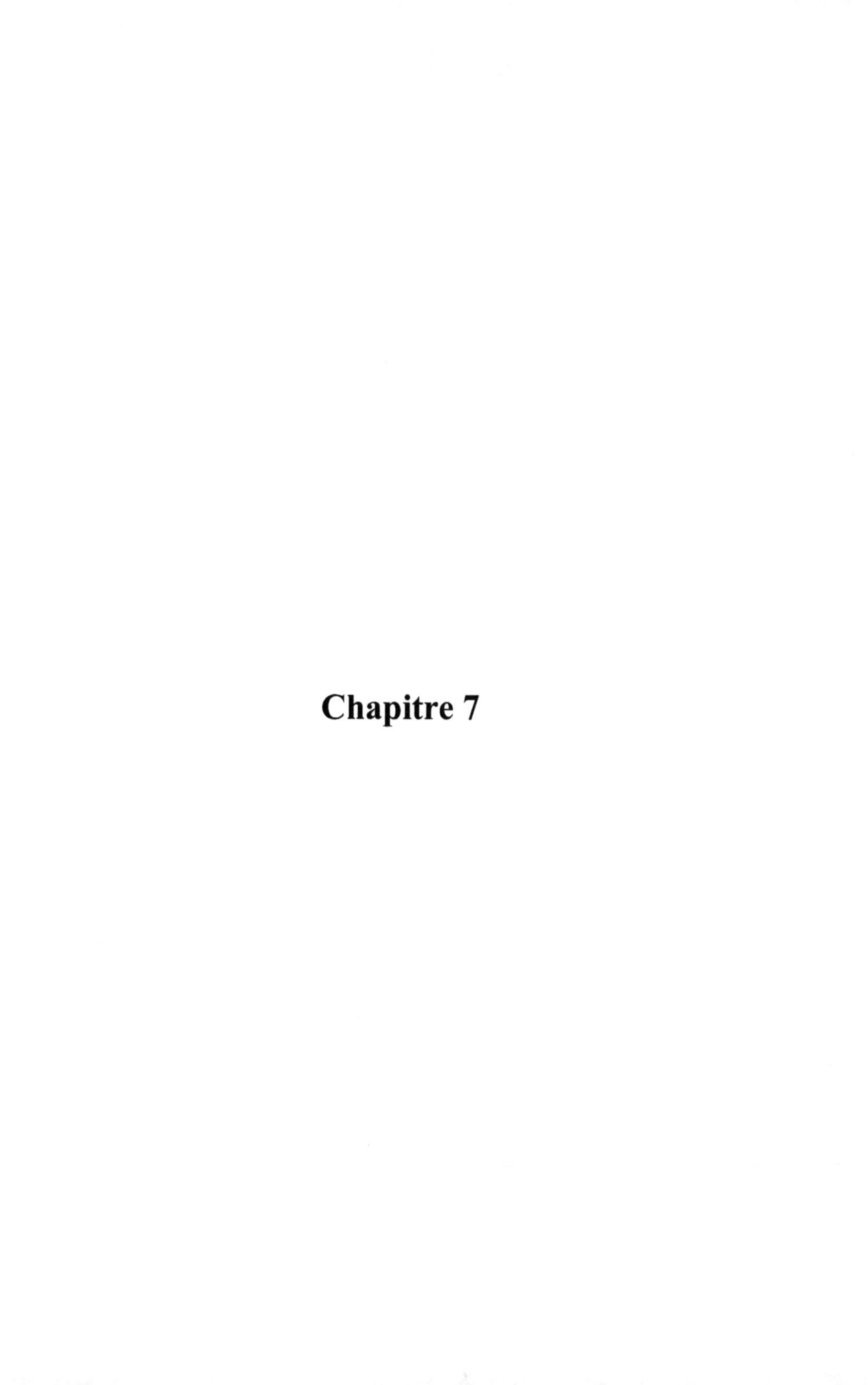

Chapitre 7

L'envol

Dans l'avion,

Même dans mes rêves les plus fous, je n'aurai jamais imaginé l'intensité de ce merveilleux voyage. J'y suis arrivée, je l'ai vécu, moi, toute seule.

Je suis à l'arrêt sur mon siège, le son du moteur de l'avion retentit. Entourée de gens aux visages fatigués, mais heureux, le décollage est imminent. Le tarmac se dérobe soudainement sous les ailes de l'engin.

Je retrace ma dernière journée. Je n'ai pas vraiment souhaité sortir aujourd'hui. Pourtant, il a fait beau, et les rues de Thamel paraissaient tranquilles.

Le voyage va se vivre désormais de l'intérieur…

Laissons-le infuser.

Je me remémore mon arrivée, il y a un mois, ces fleurs autour de mon cou, le bruit, les odeurs, la foule, les couleurs, les temples, les stupas, les statuettes, les artistes, puis mes rencontres. L'espèce de chaos dans lequel chaque personne vibre, erre, chante, danse, roule…

Ces savants mélangent de couleurs partout, comme un éclat de lumière dans la misère. L'envolée des pigeons sur la place de Dubar square au cœur de Katmandou, l'air triste et mystérieux de cette petite déesse : La kumari. Au fond, tous ces enfants ne sont-ils pas des dieux vivants ?

J'imagine Mohan, dans son petit commerce de thé, avoir repris ses habitudes, le sourire aux lèvres près de sa femme qu'il aime sans compter, j'imagine Bhim en voyage dans le Teraï en compagnie de sa famille, j'imagine Matthias dans l'avion pour l'Afrique et Guillaume escalader son Everest. J'imagine Manjoy avec son nouveau groupe de touristes arpenter le Manaslu pour faire vivre ses proches, puis je repense aux visages de tous ces enfants que j'ai eu la chance de croiser sur ma route, pour lesquels l'avenir reste en suspens. Je revois un à un, les serveurs de UTSE qui se battent pour que leurs familles survivent, je revois la patronne jouer avec sa petite fille aux côtés des clients, le dernier regard de Jenish à mon départ, et celui de Bhim.

Je repense à ces moments où le jour se lève dans les montagnes, et aux rayons du soleil qui se fondent dans l'eau des cascades, engloutis dans la rivière de Sauhara.

Je revois « Annapurna Sud », le 1, 2 et 3, je vois la montagne sacrée Machhapuchhare, le camp de base, le Poon Hill. Je repense aux routes dangereuses dans le Mustang, les sangsues, les dal bath « spicies ».

Je me souviens de la puissance des mots de mes lectures, la force de mes ressentis lors des méditations dans ma chambre d'hôtel à UTSE ou face au lac de Pokhara… Je garde en moi les messages d'Amour de Tom qui m'ont soutenu de leurs forces incroyables, sa petite carte qu'il a cachée dans mon sac et que j'ai découverte à mon arrivée. Puis les conversations avec mes enfants, le son de leur voix réconfortante. Je m'adresse à eux, pouvant désormais leur dire : je vous vois.

Je garde tout ça dans mon coffre aux trésors intérieur. Je suis émue de voir que mon carnet de voyage ne laisse plus aucune page blanche pour continuer l'aventure.

Je remercie la conscience Divine de m'avoir appelé, afin que je puisse comprendre l'essence et la profondeur de chaque seconde, de chaque chose qui m'entoure, de savoir qu'il est possible de voir au-delà du visible, d'entendre au-delà de l'audible, de ressentir au-delà du perceptible.

J'ai bien conscience que mon son soleil et ma lumière m'ont accompagné tout au long de ce voyage sacré. Je ne sais pas de quoi demain sera fait, mais j'ai définitivement confiance en la vie. Je suis honorée par la présence du divin, et considère comme une chance incroyable d'en avoir pris conscience il y a quelques années, alors que je me trouvais au fond de mon gouffre.

Écrire est un acte de libération, et permet d'imprimer l'impalpable. Ce journal a pris forme, comme une véritable présence, il m'a soutenu. Il a fait corps avec moi. Je le remercie.

Merci à mon très cher corps de m'avoir conduit jusque-là. Merci à cette énergie de vie qui circule en moi !

Merci à mes êtres de lumières, mes guides, que j'ai souvent contactés. Gratitudes infinies…

Je n'ai fait que suivre mon chemin, avec un désir de vie intarissable. Je n'ai fait que croquer la vie à pleines dents, guidée par l'intuition et l'Amour. Mon chemin s'est alors éclairé chaque jour un peu plus.

[…]

En transit à Dubaï, je fais la connaissance d'Amandine. Cette jeune femme est venue sublimer mon voyage. Elle aussi a suivi son chemin en venant seule au Népal, remportant le combat sur la maladie : les médecins disent rémission, elle, parle de revanche. Sa force, c'est l'amour. Elle rayonne. Merci, Amandine, pour toute ton authenticité. (Je laisse à mes lecteurs et lectrices le lien Instagram pour soutenir la recherche)

https://www.instagram.com/pink_trek_nepal/

Prenez soin de vos rêves. Ne les laissez pas s'échapper, s'éteindre. Ils ont le pouvoir de changer et d'animer votre vie, de transformer votre karma.

Vivez-les pleinement !

[…]

Plusieurs mois se sont écoulés depuis mon retour. Je récolte avec beaucoup de joie et de plaisir les fruits de ce voyage. Il n'est pas toujours facile de laisser infuser en nous l'inconfort engendré par le travail intime de l'Être. Le chemin spirituel n'a rien de linéaire, de simple, et il occupe par ailleurs une place essentielle dans le déploiement de notre âme humaine. Il garantit une libération de la conscience pour une meilleure écologie de la sphère akashique. L'ignorance de cette dimension, pour la plupart d'entre nous, ne rend pas les choses aisées. Je suis honorée d'avoir été touchée par la conscience divine. Je suis prête à assumer l'idée que certains de mes proches diront de moi que je suis « perchée »… Je laisse la mystique de ce mot envahir les fantasmes de ces gens, croyant peut-être qu'ils y verront un jour à travers ceci, leur propre lumière, la foi.

Ce travail est également libérateur pour le corps. Chacune de mes cellules a définitivement compris que l'ego n'est que le serviteur de mon Être. Et que leur entente est déterminante pour leur équilibre.

Je suis partie au Népal à la recherche de mon yin, à la recherche d'une plus grande compréhension de ce qu'était mon « féminin sacré », à la rencontre de la femme blessée encore enchaînée par ses vieux démons, entachée d'une mémoire féminine en mal de vivre. Là-bas, je me suis connectée à la mélancolie lunaire, mettant ainsi le doigt sur mes croyances à l'égard du masculin. J'y ai découvert la nécessité d'une libération.

Durant ce voyage initiatique, sans m'en rendre compte, j'ai semé les graines d'une fleur précieuse et sacrée. J'ai vu ma plante grandir au point de la trouver merveilleusement belle. Ce yin s'est peu à peu coloré, sublimé au contact d'une énergie solaire rayonnante presque « Apollonienne ». Une puissance est née de l'union de ces deux astres, se libérant ainsi de ses chaînes jusque-là incassables.

Protégée par l'étoile divine, mon esprit lunaire a brillé de par sa force intérieure.

Mon intuition s'est renforcée, donnant lieu à une communication beaucoup plus subtile entre les différentes parties de mon être intérieur. J'y ai gardé l'essentiel, accompagnée d'un savant mélange de sagesse où le masculin et le féminin ont eu la chance d'y retrouver leur territoire, devenant maître de leur empire.

Le plaisir de la vie est aujourd'hui non négociable. J'ai expérimenté la richesse qu'apporte le choix du cœur, celui qui facilite l'émancipation. Silencieusement, j'ai réalisé le bien-fondé de la déstructuration de ma tour intérieure, celle de la pensée et des comportements cent mille fois répétés. Symboliquement, j'ai traversé le désert avec une plus grande verticalité, comme ci la vie se teintée d'une autre saveur, de plus de sens et de profondeur. J'ai accepté de perdre mon nom, afin de vivre la renommée. Les pieds dans le ciel, je me suis ancrée davantage dans le terreau sacré du ciel, comprenant l'importance de maîtriser ses émotions plutôt que de les contrôler. Dans ce travail de lumière, où le bilan a été souvent nécessaire, je me suis engagée à sortir de mon jardin intérieur, acceptant de jeter les masques, dans le but de créer un monde nouveau, plus authentique, plus spirituel.

Ce monde, je l'ai décoré, sublimé, animé par mon désir de vivre, par la joie et l'intuition, par cette envie de transmettre mes connaissances, au gré de mes rencontres. Il me fallait partager mes connaissances.

J'ai pris conscience au long de ces derniers mois, grâce à l'union harmonieuse du corps et de la conscience, grâce à l'expérience de l'Amour vrai que ce travail qui m'a été proposé est un véritable cadeau, simplement par sa justesse et sa place.

Je réalise que ce chemin est karmique. Gratitudes.

À propos de l'auteur

Je suis fascinée par les eaux claires et limpides des lagons que l'on ne voit qu'à l'autre bout du monde, ou bien celles des lacs de la Cordillère blanche des Andes. Bleues intenses, aucune vague à l'horizon, la ligne parfaite.

Je sais pourtant que c'est en profondeur que nous rencontrons l'essence de nos eaux. C'est parce qu'elles rendent notre vision plus difficile, nous transpercent de froid, anesthésient nos mouvements, ralentissent notre respiration, rendent notre environnement obscur, qu'elles nous offrent la possibilité d'une plongée émotionnelle et spirituelle. C'est ici que j'ai décelé les premiers rayons de mon soleil intérieur, que j'ai vu la lumière s'y engouffrer.

C'est de cette faille que nous naissons tous.

Voici notre point commun.

Remerciements

J'aimerais remercier le monde entier d'être ce qu'il est, ce flux divin qui anime tous ces êtres en recherche d'une plus grande authenticité. Ma source créative s'est nourrie de toutes ces rencontres…

À ces routes népalaises, qui m'ont montré la direction. À Mohan, Bhim & Bhim, sa famille, l'équipe Utse, Jenish, Guillaume, Matthias et Amandine. À tous ces regards échangés…

À cet homme qui m'accompagne avec patience, depuis l'adolescence sur le chemin de la vie. Aux fruits de notre Amour. Je suis très fière d'avoir croisé votre chemin mes enfants, j'ai tellement appris auprès de vous…

À Mag, maillon précieux de mon collier relié à cette énergie puissante et abondante. À Emmanuelle et son compagnon Boubou, qui ont pu déceler la profondeur de nos âmes.

À Anne, qui a fait de cet ouvrage, un acte sacré et précieux à mes yeux. Merci pour ta patience et ton éclairage.

À toutes ces femmes que j'ai eu la chance et l'honneur d'accompagner à traverser des ponts. À nos voyages subtils, à nos libérations émotionnelles, à nos forces, à notre souffle créatif… Gratitudes infinies pour ces 4 dernières années lumineuses, épanouissantes. Je me suis libérée à vos côtés, dans nos échanges et nos mouvements.

À cette énergie solaire, découverte au cours de mes plongées lunaires. Je remercie ces êtres de m'avoir traversée. Je les ai reconnus.

À ma famille, à mes ami(e)s, à ces gens qui ont cru en moi.

À la vie et sa magie…

Imprimé en Allemagne
Achevé d'imprimer en novembre 2023
Dépôt légal : novembre 2023

Pour

Le Lys Bleu Éditions
40, rue du Louvre
75001 Paris

www.ingramcontent.com/pod-product-compliance
Lightning Source LLC
Chambersburg PA
CBHW062343010826
49168CB00024B/238
9791042215811